历代开国重臣系列

U0682851

一代雄主身边的睿智书生

罗冬阳 胡凡 郭培贵 著

耶律楚材 李善长

辽宁人民出版社

© 罗冬阳　胡凡　郭培贵　2025

图书在版编目（CIP）数据

　　一代雄主身边的睿智书生：耶律楚材　李善长 / 罗
冬阳，胡凡，郭培贵著. -- 沈阳：辽宁人民出版社，
2025．3．--（历代开国重臣系列 / 赵毅主编）．
ISBN 978-7-205-11301-8

　　Ⅰ．K827=47；K820=48

中国国家版本馆 CIP 数据核字第 2024U8G384 号

出版发行：辽宁人民出版社
　　　　　地址：沈阳市和平区十一纬路 25 号　邮编：110003
　　　　　电话：024-23284191（发行部）　024-23284304（办公室）
　　　　　http://www.lnpph.com.cn
印　　　刷：嘉业印刷（天津）有限公司
幅面尺寸：165mm×235mm
印　　张：18.5
字　　数：191 千字
出版时间：2025 年 3 月第 1 版
印刷时间：2025 年 3 月第 1 次印刷
责任编辑：赵维宁
封面设计：乐　翁
版式设计：一诺设计
责任校对：耿　珺
书　　号：ISBN 978-7-205-11301-8
定　　价：58.00 元

"历代开国重臣系列"序

展示在读者面前的这套"历代开国重臣系列",共收录了中国帝制时代由秦至清辅佐开国皇帝创立基业的重臣李斯、萧何、张良、王导、高颎、魏徵、赵普、耶律楚材、李善长、刘基、多尔衮、范文程12人的传记,除东晋王导外,其余11位传主均为统一型王朝之开国重臣。共计10册,由10余位史学工作者分别撰写完成。

自秦灭六国,一统天下,至清军入关,定鼎中原,2000余年的帝制时代,王朝更迭反复无常,国运盛衰纷纭不定,形形色色的人物轮番登上历史舞台,演出了一幕幕人间悲喜剧。

时代造就了这些历史人物,历史就在这幕起幕落中悄然前行。没人怀疑人民是创造历史的动力这一至理名言,中华民族勤劳、勇敢、睿智绝非虚语,杰出人物只有在顺应历史潮流和民众意愿的前提下,才能在时代变革中运筹于帷幄之中,决胜于千里之外。

但是，历史不可能将每个人的活动都详尽地加以记载，翻检正史、政书、实录，唯帝王将相、英雄豪杰之履历和业绩而已。因此，当今天的人们追溯历史、探究历史，只能披阅典籍，循着那些杰出人物的足迹去把握历史发展的脉动。

不仅如此，杰出人物的活动并非只是历史潮流、人民意愿的被动反映。他们是历史的灵魂、人民的代言，当关键时刻来临，他们敢于挺身而出，拔剑而起，建立不朽的功勋和皇皇伟业。

倘若没有这些杰出人物，历史将黯然失色，民众将无所适从。从这层意义来说，书写、研究杰出人物的活动虽然是我们认识历史的被动选择，但也是必然选择。

本套书所收录的 12 位开国重臣，是这类人物中的典型。他们或来自旧王朝的世家豪族，或出身旧王朝的基层属吏，或属于旧王朝的达官显宦，或是旧王朝失意的知识分子。他们所面临的形势正值新旧王朝交替。当是之时，沧海横流，匹夫兴志，群龙无首，兆庶失归，社会需要新的理念，群黎需要新的代言。

这些人物起于山泽草莽、陇亩幽隐之间，得逢明主，风云际会，展布平生大志。有人挟聪睿之资，经天纬地，一言兴邦；有人荷新主眷顾，克己尽忠，死而后已；有人以持重著称，审时度势，力挽狂澜；有人以刚正名世，规谏君主，勇揭逆鳞，以诤臣流芳后世；有人以博通经史为本，申明典章，恢宏治道；有人以勇略见长，深谋远虑，克敌制胜。

他们佐开国之君于基业草创，拯倒悬之民于水火，成就大业，建立奇勋，垂名当世，贻范后昆。从这一视角观察，他们是成功人物，是时代骄子。但是，从另一视角观察分析，他们中的许多人又是失败人物，难以逃脱悲剧结局。他们所生活的时代，正值专制皇权日渐强化，尊君卑臣日益泛滥。

当大业未就的创业阶段，历史与社会的局限使他们不可能完全按照理想模式重建公平与正义，如此局面之中，委曲求全，已是不可避免；当新朝既立，新皇位加九五之后，这些人虽身处国家权力核心，但地位往往微妙，甚至尴尬。功高震主，兔死狗烹者不乏其人；在权位角逐中，为佞臣诬诟，落职除爵，被赶回"高老庄"者大有人在；而因亲故失检、子孙败德受到牵连，身败名裂者更为常见。像西汉开国重臣张良佐高帝创大业，功成名就，急流勇退，保持令名者并不多见。

本套书作者探微索幽，铺排史实，目的并非仅仅在于重现12位传主的一生主要经历和功过是非，还在于透过这些人的升降浮沉，展示由秦至清2000余年间中国历史发展演变的大体脉络和基本规律；不仅使读者了解上述杰出人物对社会发展带来的推进和影响，也要使读者了解社会现实和文化环境印在这些杰出人物思想与行为上的烙印，从而获得对中国帝制时代历史较为深刻而具体的认识。该书若能在全民普及历史教育的活动中发挥作用，则是作者和编辑最大的心愿。

　　本套书曾在多年前刊印行世。此次，由辽宁人民出版社再度修订出版。书中所叙述的内容，基本依据典籍所载史实并参酌部分民间传说。对问题的看法及对传主的评价，或基于作者个人的研究探索，或吸纳学界同行的成果，力求科学、实事求是，反映本领域的最新学术认知。

　　为了使传主形象生动、丰满，使文本富有可读性，在修订过程中，尽力搜求文献资料、披阅同行论著，对传主政治、经济、军事和文化方面的建树乃至生活细节都进行了尽可能详尽的研究。在语言文字方面，力求清新流畅、简洁明快，融学术性和通识性于一体，雅俗共赏是我们期待的社会效果。

　　本套书规模较大，成于众手，风格互异，在所难免。本套书编撰之初，有的作者已是名满学界的教授，有的还是史学新兵，功力不同，水平必有参差，亦可预料。在本套书修订再版之际，我们诚恳欢迎广大读者批评指正。

辽宁师范大学　赵毅

2023 年 5 月 12 日

目　录

兼善天下真书生：耶律楚材

足智多谋奇书生：李善长

兼善天下真书生

耶律楚材

第一章 让王苗裔

一、先祖让王

耶律楚材，字晋卿，大蒙古国赫赫有名的重臣，本是辽太祖耶律阿保机的长子东丹王耶律图欲的八世孙。他曾自豪地叙述自己的家世说：

> 皇祖辽太祖，奕世功德积。
>
> 弯弓三百钧，天威威万国。
>
> 一旦义旗举，中原如捲席。
>
> 东鄙收句丽，西南穷九译。
>
> 古器获轩鼎，神宝得和璧。
>
> 南陬称子孙，皇业几三百。
>
> 赫赫东丹王，让位如夷伯。
>
> 藏书万卷堂，丹青成画癖。
>
> ——《为子铸作诗三十韵》（部分）

辽朝是由契丹贵族建立的政权，从太祖阿保机建国（916）到天祚帝为金兵所俘（1125），一共存在了210年。耶律楚材所说"皇业几三百"，是取整数说的。辽朝全盛时，领土东濒鄂霍次克海，西逾阿尔泰山，北跨外兴安岭，南界白沟河（在河北省雄县北），幅员万里。

辽太祖于公元916年称帝建国的同时，效仿汉法，立18岁的长子耶律倍为皇太子。耶律倍小字图欲，自幼聪敏好学，曾购书万卷，藏于医巫闾山绝顶的望海堂。他主张依据儒家的理论来治国。太祖初继位，问侍从大臣说："人君受天命而统治众生，当事天敬神。有大功大德的圣贤，朕要祭祀他，那么以谁为先呢？"众侍从大臣都说应该以佛为先。太祖说佛不是中国教，未予赞同。皇太子说："孔子是大圣人，万世所尊，应该首先得到祭祀。"太祖很高兴，即命修建孔子庙，诏皇太子于春、秋两季祭奠。

图欲不但学识渊博，而且武功出众，又具有政治头脑。天赞三年（924）七月至次年十月间，辽太祖西征，图欲奉命监国，留守京师（辽上京临潢府，今内蒙古自治区赤峰市巴林左旗南波罗城），即谋划征伐渤海。天赞五年（926）年初，辽大举伐渤海。皇太子、大臣俱从征。拔扶余城（今吉林省四平市），辽太祖欲搜括户口，图欲进谏说："现在刚得地就搜括户口，民必不安。如果乘破竹之势，径造忽汗城（渤海国的都城，中京显德府，位于今吉林省敦化市），必定一举拿下。"辽太祖采纳了他的建议。图欲与其弟大元帅德光为先锋，夜围忽汗城，渤海国主率僚属三百余人素服出降，渤海国亡。

辽太祖与皇后述律平共生有三个儿子。他虽然仿效汉法立长子图欲为皇太子，让他成为皇位的法定继承人，但实际上比较偏爱次子德光。他曾对述律平说："尧骨（德光小字）必兴我家。"现在灭了渤海国，述律平觉得是个处理好长子与次子前程的机会。于是，她建议将图欲留在渤海故地，为德光将来成为皇位的实际继承人铺平道路。辽太祖听从了她的建议，便改渤海国为东丹，忽汗城为天福，册封皇太子图欲为国主，并赐天子冠服，建元"甘露"，称制，按照汉族王朝的办法，设置左、右、大、次四相和百官。东丹国每年向朝廷进贡布 15 万端、马 1000 匹。这样，图欲在东北就建立了一个相对独立的王国。

夏末秋初，辽太祖于回师途中崩于扶余府行宫。次日，皇后述律平称制，权决军国事，成为辽朝的代皇帝。史称述律平简重果断，有雄略，辽太祖行兵御众，她常与谋。东丹王图欲闻讣，即日奔丧。到行宫，得知母后欲立德光为皇帝。述律平之所以要立德光为帝，也存在着私心。原来德光的妃子述律温是她弟弟的女儿，也就是她的侄女。图欲随母后护送辽太祖的灵柩回到京师，实际上人身已不自由。当时述律平与德光不但牢牢掌握了朝政，而且稳定地控制了军队。德光比图欲小 3 岁，但自 23 岁开始任天下兵马大元帅，成为辽太祖下面辽军的最高统帅。所以，虽然图欲名义上是皇位继承人，实际上却没有继承皇位的天时、地利与人和。图欲若拼死反对德光继位，则必然会导致一场同室操戈的悲剧。为顾全大局，他最后主动表态，率群臣上表于母后："皇子大元帅勋望，中外攸属，宜承大统。"述律平见表当然很高兴，当天就为德光举行了即位典礼。这位新皇帝，就是后来为辽朝发展做出重大贡献的辽太宗。

图欲让出了皇位，德光对他却并不放心。因为图欲虽不做皇帝，但建元称制，与皇帝无异，又拥有土地与人民，所以德光防着他也是事出有因的。图欲在京师被软禁了3年，德光派人将东丹国民迁徙到东平郡（今辽宁省辽阳市西），改称为南京，令图欲住在那里，又置卫士监视他的行动。东丹国民被迁徙，失去了在原地的产业，于是纷纷逃到新罗和女真。图欲的实力被大大削弱了。

图欲到了南京，于西宫建起一座书楼，并作《乐田园诗》，表示从此不再过问政治，专以书香翰墨怡悦情性。经过多年的陶冶，图欲学问大为长进，不但善于运用契丹文和汉文进行写作，而且通阴阳，知音律，精医药、砭焫之术。又擅长绘画，特别是画契丹人物，作品《射骑》《猎雪骑》《千鹿图》等被宋朝宫廷收藏。

后唐明宗得知图欲的处境，遣使渡海密召他。图欲对左右说："我以天下让主上，今反见疑；不如适他国，以成吴太伯之名。"他立木海上，刻诗一首："小山压大山，大山全无力。羞见故乡人，从此投外国。"于是带着美人高氏，满载书籍，浮海而去。

后唐以天子的礼节迎接图欲。图欲到汴州（今河南开封）后见了后唐明宗，明宗将庄宗李存勖的皇后夏氏赐给他做妻子，又赐姓东丹，名为慕华。将瑞州改为怀化军，拜图欲为怀化军节度使、瑞慎等州观察使。后来又赐姓李，名赞华，移镇滑州，遥领虔州节度使。

后唐长兴四年（933）十二月，唐明宗死，其子李从厚继位为帝。次年四月，明宗养子李从珂弑主自立为帝，图欲将此情况密报给辽太宗。辽太宗发兵南征，扶植石敬瑭为儿皇帝，建立后晋。后唐清泰三年（936）年底，李从珂穷蹙，令图欲一同自焚，图欲不从，于是派杀手李彦绅将他杀死。图欲遇害时，年仅38岁。有一和尚将他的尸体掩埋了。石敬瑭进据洛阳后，按照亲王的规格为他举行了葬礼。后来，辽太宗又将他改葬于辽西的医巫闾山（在今辽宁省北镇市）。所以，医巫闾山就成了图欲子孙的故乡。

二、生父文献公

图欲的长子耶律阮在耶律德光死后继承了皇位，即是辽世宗。次子娄国，后来也担任政事令，留守燕京，并定居于燕京西山的玉泉。他就是耶律楚材的七世祖。到图欲的六世孙耶律德元时，金兴辽亡，德元便归顺了金朝，官至兴平军节度使。耶律氏在燕京的这一支，不管是在辽朝还是在金朝，一直都是朝廷的显要。耶律楚材作诗说：

四世皆太师，名德超今昔。

我祖建四节，功勋冠黄阁。

德元弟聿鲁生有一个儿子名履，就是楚材的父亲。耶律履很小的时候，聿鲁就去世了，德元便将他收养为子。

燕京（金称为中都，但习惯上仍称燕京）在辽金时期是北方的政治、文化中心，这里有深厚的汉文化基础。长期定居在燕京的耶律氏，世代受汉文化的熏陶，养成了知书达礼的家风。

耶律履天赋很好。5岁时，夏夜露卧，仰观穹宇，见天际浮云往来，突然对奶妈说："这大概就是'卧看青天行白云'吧。"奶妈将此事转告德元，德元惊喜地说："这个孩子很有文性，将来定会以文学闻名于世。"从此以后，耶律履问学不辍，而且记忆力很好，读书过目不忘。到成年时，通"六经"百家之书，尤邃于《易》《太玄》，至于阴阳方技之说、历象推步之术，无不洞究。他还擅长写文章，很早就为当时的名家所推崇。他风度潇洒，善谈论，令听者肃然起敬。他曾经参加乡试，见卫士将考生的衣服脱去搜身，有辱人格，便拂袖而去。后来以荫补内供奉班，不久被辟为国史院书写。耶律履精通契丹大小字，用契丹文翻译汉文经典，润色文字，既能忠实于原文，又能做到辞藻华美。

金大定（1161—1189）初年，朝廷无事，金世宗锐意经籍，诏选文臣以契丹小字翻译《唐史》，然后用女真文解释，以便阅览。耶律履被选中，独主其事。书成，世宗大为欣赏，提升他为国史院编修官，又设置经书所，令他用女真文直接翻译汉文典籍，选拔贵族子弟中优秀分子拜他为师。一日，世宗召问："朕近来读《贞观政要》，见魏徵忠谏，恨不与他同时。当今之世却见不到像魏徵一样的忠谏之臣，是什么缘故？"他说："像魏徵那样的臣下并不难得，只是唐太宗那样的君主不常有。"世宗说："卿说朕不纳谏吗？卿可认识刘用晦、张汝霖？他们二人都不应得三品官，因为他们屡献忠言，朕所以越级提拔他们。朕岂是不纳谏的君主？"他说："臣自幼未尝离开过朝廷，他们二人，实在未见进过什么谏。况且海陵王当政时（1149—1161），杜塞言路，天下缄口，习以成风，愿陛下惩艾前弊，开忠谏之路，以通下情，则天下幸甚。"

金廷初议以时务策设女真进士科，礼部以其所学不是诗赋，不宜一概称为进士。世宗诏耶律履定议。耶律履说："进士之科，起于隋朝大业（隋炀帝年号，605—617）年间，开始时只考策。唐朝初年因袭隋制，到唐高宗（649—683年在位）时，加试箴、铭、赋、诗，到唐文宗（827—840年在位）时才专考赋。况且进士科初设时专试时务策，现在女真考生因考时务策而称为进士，不是很恰当吗？"世宗大悦，即按原计划执行。

大定十五年（1175），耶律履晋升为应奉翰林文字，仍兼前职。金朝历法沿用辽朝的《大明历》，年久预报天象就不准确了。按历应日食，却未发生日食。耶律履于是着手对历法进行修订，撰成新的历法，因为乙未（1115，金太祖完颜阿骨打始建国称号）年是金朝"受命"的始年，故取名为《乙未元历》，它的精确性大大超过了《大明历》。

大定十九年（1179），进职为修撰。次年，诏提控衍庆宫画功臣像，过期，降为应奉。逾年，复升为修撰，转尚书省礼部员外郎。

当时金章宗为金源郡王，喜读《春秋左氏传》，听说耶律履博学多闻，经常召他质问疑难。他说："《春秋左氏传》多权诈，驳杂而不纯。《尚书》《孟子》所载的都是圣贤的纯全之道，愿殿下留意。"章宗称赞说："真是醇儒的言论。"大定二十六年（1186），耶律履晋升为本部郎中，兼同修国史、翰林修撰，表进宋朝大臣司马光所著的《古文孝经指解》。他在表中说："臣愚窃观近世，皆以兵刑财赋为急，唯独司马光将儿童的启蒙读物进献给君主，正是因为孝是百行的根本。孝的极致可以通神明，感天地，为人君者，如果能将《孝经》的思想履行于治国之中，则芸芸众生受惠溥矣。臣私下十分向往，故斗胆仿效司马光的做法。"不久，耶律履罹疾，请求解职，世宗顾念他的功劳，指示吏部说："履多病，可安排一近便的地方。"于是授蓟州（今北京）刺史。

耶律履任蓟州刺史期间，行政宽猛适中，旬月之日，就获得了很好的政声。蓟州所属的宝坻县设有直属中央户部的盐司，专门管理食盐的专卖，禁止民间私自生产贩运。濒海人民，煮盐自食，也为盐司所禁止。盐司官经常领弓兵缉捕私自煮盐的民户，而往往将无辜的平民百姓牵累进去。平民百姓一旦受到牵累，必定破产无疑。对这种情况，地方官很为痛心，因此，对凡是牵涉进违犯盐禁案子的平民，一律予以庇护，而对于弓兵走私贩盐，只要抓着把柄，就一律关进监狱。这样，盐司与地方政府互相报复，结怨颇深，给地方也带来了不少麻烦。一天，蓟州地方官抓到一名违禁的弓兵，耶律履就召集僚属，耐心解释怨宜解不宜结，然后将弓兵放了，并给盐司主管写了一封谦逊的信，盐司官被感动了，从此就再也未发生相互间报怨的事。蓟州的百姓对他的这一举动久久不能忘怀。

同年，金世宗出巡，得知耶律履的疾病已经转好，又召他回京任翰林待制、同修国史。次年提升为礼部侍郎，兼翰林直学士。

大定二十九年（1189），金世宗驾崩，遗诏移梓宫于寿安宫。章宗诏百官议，都说应按遗诏行事，唯独耶律履持不同意见，他说："移宫不合礼节。'天子七月而葬，同轨毕至。'怎么能使万国之臣朝大行皇帝于离宫呢？"章宗说："朕日夜思虑，舍正殿而奠于别宫，情有所不忍，且于礼未安。"遂殡于大安殿。

同年四月，章宗即位，擢耶律履为礼部尚书，兼翰林直学士，赐大定三年（1163）孟崇献榜下进士及第。八月，拜耶律履为参知政事，兼修国史，进官两阶。这样，他就进入了宰相的行列。他却谦辞说："臣才薄而任重，恐贻笑天下。请陛下收回成命。"章宗说："朕在东宫时，熟知贤卿，今观贤卿的言行，没有哪一点够不上宰相的标准，所以朕首先任命贤卿为相。这是朕自己的意思，并非听信左右近侍的好言美语。贤卿就不要推让了。"听了章宗这一番话，他才接受了任命。他认为自己是由兼学士院的直学士入拜宰相的，于是按照前代学院故事，以钱50万捐送学士院，学者们感到非常荣幸。

耶律履任宰相期间的一项主要贡献是主持了《辽史》的第二次修纂。他是辽宗室的后裔，家里保存了有关辽朝的史料。我国古来有个不成文的习惯，就是新朝为旧朝修史。早在金熙宗（1136—1149）的时代，曾由耶律固、萧永祺等人修纂过《辽史》，但没有刊行，而且很快就散佚了，所以章宗又命耶律履主持对《辽史》进行第二次修纂。到泰和七年（1207），由陈大任最后统笔付印，所以后人称此书为陈大任《辽史》，而实际的修纂者是耶律履等人。这部《辽史》虽然未能流传到今天，但它为元朝修《辽史》提供了丰富的史料和可靠的证据，是元修《辽史》不可缺少的基础。

耶律履对于自己的满肚子学问仅用于文字间并非很得意，但是又无可奈何，所以他晚年自称忘言居士。所谓居士是指在家奉佛修道的人，可见他不但对儒家学说有很深的造诣，精于术数、历法，而且博通佛家之旨。

金章宗明昌元年（1190），耶律履晋升为尚书右丞。当他刚抵达一个可以施展政治抱负的位置时，病魔却向他袭来，弄得他呕吐不止。家人不知所措。然而他很坦然，说："生死如去来，人人不可躲避，有什么可怕的？"到明昌二年（1191）夏天，他悄然逝去，享年61岁。积官正议大夫、漆水郡开国公。

耶律履不但学问渊博，而且品德伟大，为人重义疏财。他是伯父德元的养子，后来德元又生了一个儿子，名叫"震"。德元死后，他一分钱遗产都没要，全部让给了震。震又先他离世，留下妻子儿女受着贫穷的折磨，他又收养了他们。对于族人负债者、贫穷无靠者，他都慷慨解囊，予以资助。

耶律履去世后，朝廷为他举行了隆重的葬礼。金章宗率宰相百官亲临悼念，赐谥曰"文献"，又赐钱200万，帛400匹，彩缎40端。深秋，葬于义州弘政县（今辽宁省义县）东南乡先茔之侧。

父亲去世时，耶律楚材仅2岁。但是，在他的心目中，父亲的形象是完美而崇高的，父亲的学问行事，正是自己应该效法的人生典范。他作诗歌颂他的父亲说：

先考父献公，弱冠已卓立。

学业饱典坟，创作乙未历。

入仕三十年，庙堂为柱石。

重义而疏财，后世遗清白。

我受先人体，兢兢常业业。

——《为子铸作诗三十韵》（节选）

第二章　出入儒释

一、千里驹

耶律楚材生于金章宗明昌元年（1190）六月二十日。这年他父亲 60 岁。在此之前，父亲娶过两位妻子。第一位萧氏，是辽室贵族；第二位郭氏，是岠山世胄之孙，已生有二子三女。楚材的母亲杨氏，是耶律履的第三位妻子，封为漆水国夫人。对花甲之年得的这个儿子，他父亲特别寄予厚望。他父亲私下对亲人说："我年纪六十而得到这个儿子，他是我们家的千里驹，将来必定会成为伟材大器。"从世事的变迁中，他又预感到这个孩子将来在异国才会受到重用。《左传》有言："楚虽有材，晋实用之。"于是就用这句话为这个孩子取名为"楚材"，字"晋卿"。

楚材的外祖父杨昙是当时名士，毫无疑问，他母亲自小就受书香翰墨的熏陶，颇具文化修养，金章宗泰和（1201—1208）末期，她曾受皇帝之邀入官廷教授。楚材 2 岁丧父，抚育就全仗母亲。母亲年轻孀居，将人生的乐趣全寄托在教养爱子上面了。她曾作诗说："挑灯教子哦新句，冷淡生涯乐有余。"楚材也不辜负母亲的期望，从幼年起就勤奋好学。13 岁时，开始学习《诗》《书》。17 岁时，已是"书无所不读"，文章写得很好，"有作者气"。他的家乡玉泉山华岩殿后面有一个七真洞，兴趣所至，少年的楚材曾在洞中石壁上镌刻自己写的诗词。

按照金朝的制度，宰相一级官员的儿子可以通过皇帝的批准，参加一次例行的考试，便可担任尚书省的属官。楚材不愿意凭借父荫，通过特权去当官，而是想参加科举考试，凭自己的真才实学去获得入仕的资格。金章宗知道了情况，特旨令他遵守旧制，参加例行考试。当时一同参加考试的有 17 人，考试内容是判断疑狱，结果楚材得了第一名。可见这种考试对他来说确实是太容易了。这样，17 岁的美少年耶律楚材就到尚书省当了一名属官。

在尚书省任职期间，楚材结交了许多朋友，既有社会名流，也有普通官吏。其中有一位是楚材的同僚，当时已经声名大噪的文学家李纯甫。李纯甫（1177—1223），字之纯，自号屏山居士。他起初学词赋，后来读《左传》，为其深深吸引，便改学经义。13 岁，中经义进士，名声大噪。他写文章师法《庄子》《左传》，文词雄奇简古，洒脱不拘，受到青年学子的崇拜，金朝文风由此一变。他又喜谈兵，慨然有经世的抱负。楚材也是他的崇拜者之一。楚材后来在《屏山居士鸣道集序》中说"余忝历宗门堂室之奥"，认为自己对李纯甫的思想与学问有登堂入室般的掌握。楚材作诗朴实自然，随意所至吟咏成章，不以研炼为工，这种风格与李纯甫的影响大有关系。

金宣宗贞祐元年（1213），楚材 24 岁，出任"同知开州（今河南濮阳）事"，当了一个州的副长官。这时，他已娶了妻，并生有一子。

然而，当楚材仕途顺畅，初享天伦之乐时，蒙古骑兵的铁蹄踏碎了他的梦想。

蒙古是我国多民族大家庭的成员之一，有着悠久的历史。在辽、金统治时期，蒙古诸都先隶属于辽，后隶属于金，活动于蒙古高原一带。他们逐水草而居，饮马乳，食羊肉，剃发垂辫，衣裘扁帽，信萨满教，身体剽壮，精习骑射。但蒙古诸部各自为政，相互攻杀。金朝对他们采取分化、掠夺的政策，甚至每隔三年派兵北上剿杀，称为"减丁"，残酷至极。孛儿只斤部首领铁木真曾配合金兵击败过塔塔儿部，金朝封他为"扎兀惕忽里"，他则向金朝称臣纳贡。但是，金朝的民族压迫政策，使他对金朝充满了仇恨。铁木真通过巧妙地利用蒙古各部间的矛盾，经历多年征战，终于统一了蒙古各部。

1206年春天，铁木真召集贵族、那颜们在斡难河（今鄂嫩河）源头的"根本之地"举行"忽里勒台"（大聚会），即大汗位。萨满巫师声称求得了上天的启示，对铁木真说："如今地上各称古儿罕之诸国君均为你所服，其领土均归你治下，因此你亦应有普天下之汗，诸王之王的尊号。上天旨意，你的称号应为成吉思汗。"成吉思汗将他新建立的国家称为"也客·蒙古·兀鲁思"（大蒙古国）。这样，一个统一的蒙古民族共同体从此出现在世界舞台上。

大蒙古国的建立，有如将许多支箭杆捆绑在一起，使蒙古各部迸发出强大的威力。大蒙古国的统治者并没有将这威力仅仅用于抗强御侮，而更多的是用于掠夺财富和美女。"一代天骄"成吉思汗对他的部下说："男子最大之乐事，在于压服乱众和战胜敌人，将其根绝，夺取其所有的一切，迫使其结发之妻痛哭，骑其骏马，纳其美貌之妻妾以侍寝席。"他把所有国家都看成黄金家族可以占有的财富，勉励他的儿子们："天下土地广大，河水众多，你们尽可以各自去扩大营盘，占领国土。"这种强烈的掠夺欲望，促使他们不断对外征战。

在大蒙古国对外扩张时，大金国却衰落了。泰和八年（1208）十一月，41岁的金章宗病故，堂叔卫绍王完颜永济继立为帝。章宗无子，身后留下两个怀有身孕的官女，成为金朝统治集团内部争权夺利的口实。而完颜永济虽然长得相貌堂堂，一表人才，才能却仅及中人。成吉思汗过去向金朝进贡时，在边界上与完颜永济有过接触，从而看不起他。完颜永济即位后，诏书传至蒙古，要成吉思汗拜受。成吉思汗听说永济当了金主，朝南啐了一口，说："中原皇帝是天上人做的，永济这种庸懦之辈也配做吗？拜个什么！"永济对成吉思汗的这种行为很为恼火，想借蒙古向金朝贡的机会，对他加以伤害。机智的成吉思汗及时发现了阴谋，遂跨马北奔而去，决计征金。

大金国毕竟是一棵大树，直接斫其躯干，恐怕力量不够，成吉思汗于是采取了先伐其枝叶的战略。蒙古太祖四年（1209）秋，成吉思汗第三次征伐西夏，以解除伐金时的背后威胁。蒙古军势如破竹，长驱至西夏的都城中兴府（今宁夏回族自治区银川市）。西夏向金朝求援，然而卫绍王目光短浅，竟然说："敌人相攻，吾国之福。"断然回绝了西夏的请求。而对兵临城下、求援无望的局面，西夏统治者被迫接受了成吉思汗的条件：向大蒙古国称臣纳贡，献出美丽的公主为大汗的侧室。这样，成吉思汗就实现了攻金战略的第一步。他不但消除了攻金的后顾之忧，而且还获得了大量的战利品，取得了经济上的补给，又可以利用西夏来夹攻金朝。

西夏臣服于蒙古使金朝所处的外部形势发生了巨变，有识之士已看到蒙古铁骑将会很快踏上金朝的国土。当时有位叫纳哈买住的人，为金守卫北鄙，知蒙古将侵边，奔告于金主。金主说："蒙古并没有向我们挑衅，你为什么这么说？"买住说："近见其邻部附从，西夏献女，而制箭造盾不休，凡行营则令男子乘车，借以歇息马力，这不是图谋我国，又是什么呢？"金主听了很恼怒，斥责他无事生非，擅自制造外交矛盾，将他囚禁了起来。

蒙古太祖六年（1211）春，成吉思汗率军伐金。庸弱懦怯的金朝皇帝卫绍王，起初是鼠目寸光，不明蒙金关系发展的前途，听说蒙古军来了便未战先求和，求和不成，才匆匆部署守战。金将既没有认真准备作战，临阵又怯战先逃，结果蒙古军势如破竹。先是败金将独吉思忠于乌沙堡（今内蒙古自治区兴和旧城北十里），八月，败金兵于野狐岭（今河北万全膳房堡北），又于会河堡（今河北怀来东）大败金兵，金朝主将完颜承裕仅以身免。九月，蒙古军占领德兴府（今北京延庆），距离金朝中都仅180里。前锋哲别破居庸关，直逼中都城外。

另一支由成吉思汗长子术赤、次子察合台率领的蒙古军，攻占了净州（今内蒙古自治区四子旗西北）、下丰州（今内蒙古自治区归化城白塔地区）、云内、东胜（今内蒙古自治区托克托）、武州（今山西神池北）、朔州（今山西朔州）等地。金朝的西京（今山西大同）留守胡沙虎（纥石烈执中）弃城逃回中都。

蒙古东、西二军会合，对中都形成包围。

金兵死守中都，相持半个多月，蒙古兵屡攻不下，金朝外地援兵又不断增加，成吉思汗便下令解围，撤军至金朝北境过冬。

蒙古太祖七年（1212）秋天，蒙古军又南下抄掠金朝西京、德兴等地。

昏庸怯懦的卫绍王在兵临城下、政权飘摇之际，本应任用贤能，团结一切力量，全力对付蒙古军。但是他顽固地执行狭隘的民族歧视政策，结果为渊驱鱼，为丛驱雀，将可以联合的力量赶到了蒙古军的一边。

在蒙古兵包围中都时，西夏乘人之危，出兵攻掠金朝陕西、甘肃边境州县。当时金朝边防军队大多被征调赴援中都，边防空虚，金陕西安抚司命令汉族著名文士韩玉募兵抵御西夏的进攻，韩玉以他的聪明才智和对金政权的耿耿忠心，短时间内就动员了1万余人入伍，并勇敢作战，将西夏兵驱逐出境。华州（今陕西渭南市华州区）人李公直见中都隔绝，联合韩玉，计划派兵救援中都。但是，他们的功勋遭到了女真贵族的忌恨，他们的救援义举被诬蔑为谋反，而昏聩的卫绍王不辨曲直，将李公直处死，韩玉囚毙狱中，使志士寒心。

蒙古兵起，金朝怀疑契丹遗民有二心，下令以女真人二户夹一契丹户居住，时刻监视提防。金朝北边行军谋克契丹人耶律留哥看见这种形势，心中惶惧不安，于是潜逃到隆安（今吉林农安）、韩州（今辽宁昌图偏东四十里之八面城）之间，召集契丹人，举起反金义旗。耶律留哥的反金活动得到成吉思汗的支持，在 1213 年春天，他自称辽王，建元元统，建立了政权。这样，金朝退回始兴之地东北的退路就被切断了。

在歧视异族的同时，卫绍王对女真人却是万般宠信，有过不罚，有罪不惩，养成女真将官不以失败为耻、专横跋扈、骄悍的风气。

大安三年（1211）八月合河堡之役，由于金朝主将完颜承裕避敌逃跑，指挥失当，造成了金兵的大失败。这一战役，金朝损兵折将，士气沮丧，作为主将的完颜承裕理应受到严惩，卫绍王却只给予极为轻微的处罚，仅降其官名。不久，又任他为陕西安抚使，升迁为元帅右监军、兵马都总管，率大军讨伐耶律留哥。结果，完颜承裕又是一败涂地。可是，这位常败将军不但仍未受到制裁，而且也没有被解除军事要职。事后，他仍然被任命为同判大睦亲府事、辽东宣抚使。

金朝这种赏罚颠倒、姑息败将的昏愚之举，最后导致祸从内作，自食其果。

蒙古太祖八年（1213）秋，成吉思汗再一次挥师南下攻金。八月，缙山之役，大败金兵，乘胜进抵居庸关。就在蒙古兵即将攻到中都城下的时候，金朝的悍将胡沙虎在中都发动了兵变。

胡沙虎是女真人。金世宗大定（1161—1189）年间出仕，任东宫佐吏、右副点检等职位，所以和世宗及章宗的关系都很好。外放后，历任地方节度使、西南路招讨使等职。章宗承安年间（1196—1200），入京任签枢院事，参与朝廷最高军事管理。章宗下诏让他辅助丞相完颜襄作战，他不想去，对章宗说："臣与完颜襄有个人恩怨，如果随他作战，他会把臣杀了。"章宗对他的出言不逊很恼怒，将他关押起来，听候处理。不久将他赦了出来，外用为永定军节度使。他又强夺部下的马匹。泰和元年（1201）知大兴府事，拒不执行朝廷"契丹人立功、官赏恩同女真人，许存养马匹，得充司吏译人"的诏令，十分跋扈。其他骄横不法的事情不胜枚举。胡沙虎的跋扈行为引起朝臣的不满，屡遭弹劾，但章宗总是护着，对台谏大臣说："你们难道没有别的事情，只有胡沙虎可弹劾吗？斯人只不过是跋扈点儿罢了。"御史中丞孟铸说："圣世岂容有跋扈之臣？"章宗无话以对，对胡沙虎仍是屡斥屡召，恩宠不衰。

卫绍王即位，大安元年（1209），授胡沙虎以重任，为世袭谋克，复知大兴府事，出知太原府，又为西京留守、行枢密院，兼安抚使。蒙古兵进攻，他率劲兵七千与蒙古兵战于定安之北，战阵中先逃，败绩。败退之中，在蔚州擅取官银5000两及衣币诸物，抢夺军民的马匹，私入紫荆关，杖杀涞水令。对他这种为盗做贼、藐视朝廷的行为，卫绍王不仅不加责问，反而升迁他为右副元帅，权尚书左丞。胡沙虎更加骄横，自请率领步骑两万，驻于宣德州（今河北宣化），卫绍王与兵三千，令驻妫州。

金崇庆元年（1212）正月，胡沙虎要求移驻南口或新庄，并要挟朝廷说："大兵未必不能支，一身不足惜，三千兵为可忧，十二关，建春、万宁宫且不保。"此举终于引起朝廷不满，卫绍王数其罪，将他免职。但次年又召他入京，参与军事，予以宠信。朝廷大臣纷起反对，指出复用胡沙虎的危害，并指出胡沙虎要挟朝廷要求将驻兵地移近中都是别有用心。但昏懦的卫绍王，既赏罚颠倒，又无知人之明，心胸狭隘，只知倚仗本族人，不知选贤任能。他顽固地认为胡沙虎才可用，终于赐金牌，令胡沙虎权右副元帅，将武卫军5000人，屯驻于中都城北，胡沙虎掌握兵权后，勾结党羽，阴谋发动兵变。

至宁元年（1213）秋天，蒙古兵攻居庸关正紧，胡沙虎仍不积极准备防务。卫绍王派使者责备他只知驰猎，不恤军事。使者至，胡沙虎正在给鹞子喂食，听罢，即接过诏书抛掷于地，将使者砍杀，随后声称有人谋反，奉诏征讨，于是率军往城中进发，发动了兵变。

经过短兵相接的厮杀，胡沙虎很快控制了中都，杀卫绍王，立完颜珣为帝，这就是金宣宗。胡沙虎自称太师、尚书令、都元帅，尽撤沿边诸军集中于中都，以拥兵自重。

十月，蒙古兵围城，与金将术虎高琪战于中都城北，一日再败之。蒙古兵攻下涿州（今河北涿州），循太行山而南，攻河北及河南诸州县，抵黄河，折而北，绕太行山右，略山西诸府州。成吉思汗的弟弟合撒儿同主儿扯台、阿勒赤那颜、脱栾扯儿必三人，将左手军往东，取河北东部、辽西诸州。成吉思汗与幼子拖雷由中路，取河北、山东诸州县。开州也被成吉思汗与拖雷拿下，耶律楚材当时任开州同知，对于蒙古军的攻伐应有目睹。他侥幸逃脱了蒙古军的搜掳，回到了中都。

中都的情况令人沮丧。

蒙古军几乎攻克了山东、河北黄河以北的诸府州，只剩下中都等 11 座城池没有攻下。成吉思汗于是下令三道军还，合屯大口（今北京宛平、昌平之间）。此时，大将木华黎也率师来会合。

蒙古大军兵临城下，金廷内部再次发生兵变。元帅右监军术虎高琪一方面估计到宣宗对胡沙虎疑惧不安，另一方面害怕屡次打败仗被胡沙虎追究罪责，于是率军入朝，将胡沙虎袭杀。金宣宗是前门驱虎，后门进狼，仍被军阀所左右。对于身处蒙古大军包围中的危局，是殊死决战，还是屈膝求和，金廷内部意见并不统一。不过，金宣宗和大部分女真贵族趋向求和，希望以屈辱的和议来换取苟且偷生，继续享受末日的逸乐。

蒙古太祖九年（1214）正月，成吉思汗得知金朝趋向求和，下令蒙古军停止攻城。诸位将军请求乘胜攻下中都，成吉思汗不同意。他说，我们如果急于攻城，敌人势必殊死搏斗，我们的损失不会小，不如围而不攻，一座孤城得不到援助，它的储备渐渐就会用完，到时候就会不攻自溃了，让敌守城自困好了。

到二月间，成吉思汗派阿剌浅两次进城探听金廷的动向，并暗示蒙古的态度。阿剌浅对金宣宗说："你国的山东、河北诸州府尽为我国所有，你所守的只剩下中都了。天意既然使你衰落了，我国又逼迫你于险地，天意让我们怎么办，你该清楚。我军现在要北还，你难道不能拿出点金帛犒劳，让诸位将军息息怒火吗？"通过阿剌浅，成吉思汗向金廷转达了蒙古答应议和的意向。

三月间，金廷派左丞相兼都元帅完颜承晖赴蒙古军中求和，成吉思汗许和，条件是："索公主及护驾将军十人，细军百人，从公主童男女各五百，彩绣衣三千件，御马三千匹，金银珠玉等物甚众。"还要求以完颜承晖作人质。金宣宗一概无条件地予以答应。成吉思汗派使选公主。当时宗室公主在中都的一共7人，由使者一一细挑。其中卫绍王的幼女歧国公主长得最漂亮，又有灵气，于是被带到蒙古军中，成了成吉思汗的又一位可敦①。

和议成，蒙古大军撤退，成吉思汗要求金宣宗朝北向大蒙古国的方向跪拜，金宣宗照办。然后由丞相完颜承晖送蒙古军出居庸关，一直送到抚州（今内蒙古兴和）南獾儿嘴。

蒙古军虽然撤走了，但金宣宗感到蒙古军的威力太可怕了，而当时黄河以北地区遭到蒙古军的蹂躏，都很残破，中都缺粮严重，白银三斤不能易米三斤，饿死者不可胜计。金宣宗于是决定迁都南京（今河南开封）。

金廷以皇太子完颜守忠、丞相完颜承晖、平章抹然尽忠等人留守中都，行尚书省事。完颜承晖提名以耶律楚材为左右司员外郎。

五月，金宣宗一行在凄风苦雨中踏上了迁往南京的路途。楚材的二位兄长辨才和善才扈从宣宗南渡。辨才当时任顺天军节度副使，善才任裁造署令。

————————————————

① 可敦，蒙古语，指配偶。

金宣宗不但自己怕死，放弃中都不守，而且还怕自己的儿子万一兵败去当蒙古兵的俘虏，迁都南京两个月后，就将皇太子完颜守忠召到身边。大臣们进谏说，皇太子不能动，皇太子在那里，则声势俱重，边隘守住了，都城就不会出现危险。唐代安史之乱时，唐明皇临幸（逃避的美称）四川，但皇太子实际上在甘肃灵武，这种安排的用意就在于借皇太子的号召力，维系天下的人心。大臣的进谏说明了皇太子留守中都以及保守中都以维续金王朝寿命的重要性，但是，金宣宗置若罔闻。

金朝的皇帝跑了，皇太子也跑了。成吉思汗得知金朝并没有坚守中都的决心，于是又迅速挥师南下。就在皇太子去南京的同一月，蒙古兵又包围了中都。次年二月，中都被围已达 8 个月，金朝守军的粮饷已快耗尽，城中出现了"人相食"的惨剧。金朝通州（今北京通州）守将右副元帅蒲察七斤率部投降蒙古军。中都形势危急，留守完颜承晖写矾书向南京告急。金宣宗派兵运粮增援，然而金军统帅李英是个大酒包，酩酊大醉之中在霸州（今河北霸州）北与蒙古军遭遇，飘飘欲仙般做了刀下鬼。其他援军吓得全都退了回去。中都快要支持不住了，完颜承晖约左副元帅抹然尽忠死守城池，抹然尽忠却在黑夜携带着爱妾和财宝秘密弃城南逃，结果完颜承晖仰药自尽，蒙古兵在围城 11 个月后，最终占领了中都城，设置燕京路总管大兴府。

中都被围时，耶律楚材刚过 24 周岁的生日，是早晨的太阳，正处于生命力的巅峰。他有满腹的经纶，满腔的拯世济民的热血。他希望能辅佐圣主贤

君，开创太平盛世。但是，铁的事实告诉他，他所服务的王朝已彻底衰败，日

落西山了。楚材后来作诗回忆金朝这时政治上处于穷途末路的状况说：

大安①之季君政乖，

屯爻②用事符云雷。

边军骄懦望风溃，

燕南赵北飞兵埃。

民财已竭转输困，

元元③思治如望梅。

太白经天守帝座④，

长星勾巳坼中台⑤。

玄台密表告天道，

灾妖变异无不该。

奸臣构祸谋不轨，

鱼鳞鳞首侵宸阶。

喋血京师万人死，

① 大安（1209—1211），金卫绍王年号。

② 屯，是《易经》六十四卦之一，卦爻辞讲各种难事。这里喻指金政权所处的困境。

③ 元元，指平民百姓。

④ 太白，指金星，主凶。帝座，星名，是帝王的象征。

⑤ 长星，指彗星，主灾。中台，星名，是宰相的象征。

君臣自此相嫌猜。

居庸失守紫荆破，

天兵掣电腾八垓。

潜议迁都避凶祸，

衔枚半夜宫门开。

河表偷生聊自固，

京城留后除行台。

力穷食尽计安出，

元戎守节甘自裁。

——《用张道亨韵》（部分）

在末日的旧朝，楚材已无法实现自己的壮志。不过，他也不愿让这一份壮志成为旧朝的殉葬品。兴亡盛衰经常事，在滔滔不尽的历史长河中，有多少王朝如过眼烟云，但是，这天地，这人民，遭万劫而不灭，历千古而常新，否尽泰又来，乱去治又至，总有一天，他会寻找到实现抱负的机会。然而，这个机会在当时并不明朗。"一代天骄，成吉思汗，只识弯弓射大雕"，只知运用动地惊天的武力，杀伐，掳掠，破坏，与他理想中的武功文治相去甚远。他有所彷徨，有些迷惘，于是"功名之心束之高阁，求祖道（佛祖之道）逾亟"，拜到禅僧的门下，希望佛的智慧能帮他找到乱世人生的真谛。

二、湛然居士

佛教从东汉传入我国后，在三国两晋南北朝时期得到广泛传播，到唐代中期与中国文化融合，形成中国式的佛教——禅宗。到五代，禅宗"一花开五叶"，发展为曹洞、云门、法眼、沩仰、临济五宗。辽金时期佛教盛行，达官显贵和皇帝、公主，无不奉佛。中都是佛教的中心，禅寺林立。禅宗中的曹洞宗在中都很有势力。禅宗是地道的中国佛教。中国士大夫传统的人生模式是"穷则独善其身，达则兼善天下"，禅宗的传道方式与这种人生模式十分契合。禅宗不拘泥于外在的苦行和烦琐的仪式，讲究顿悟，强调以思辨的方式来把握禅的真谛，特别是它以偈语说法的手段，深受擅长玩弄文字的文人的欢迎。楚材对禅宗偈语的机锋早就感兴趣。在燕京众多的"禅伯"中，圣安寺的澄公和尚，神气严明，言辞磊落，楚材很推崇他，阅读古时高僧的语录有心得时，常去叩问，有时候得到澄公的赞许。中都被围后，他再向澄公谈论这些心得时，澄公却一反常态，改了口气，不再称许。楚材感到很困惑，澄公和尚从容地对他说："你过去当官，身居高位。而且儒生多半并不谛信佛教，只不过是搜摘一些高僧的语录，作为言谈的资料罢了，所以我以前不敢对你严加要求。现在看来，你是真的想学佛了，我怎么还能敷衍你，不对你说真话呢？我老了，又素不通儒术，不能教你了。有位万松老人，儒、释兼通，造诣精湛，贯通无碍，你就去拜见他吧。"

澄公和尚说的万松老人，就是金末曹洞宗的宗师行秀（1166—1246），俗姓蔡，河内（今河南沁阳）人。相传，他的道行极高，在金末备受朝廷尊崇，十分显赫。明昌四年（1193），金章宗召他到内廷升座说法，亲奉锦绮，后妃贵戚都向他罗拜拱跪，各施珍爱。但他又坚持佛道的尊严，不屈于俗世的权势。泰和（1201—1208）中，他住持西山仰山寺。一天，章宗驾幸，主事僧对他说："按照惯例，车驾巡幸本寺，本寺必须进献珍玩，不然，官府就会诘问。"万松斥责主事僧说："信徒的布施是给出家儿的，我与你不具正眼，空食施物，理应偿报，你难道没听说过'木耳之缘'的故事吗？君主富有四海，贵为一人，岂能用此俗物赆累君主的圣德呢？"他于是手抄偈语一首，诣行官进献给章宗。章宗见了，大为称赞。次日，章宗入山行香，屡屡顾问万松老人，并御书诗一章赐给他，但他并没有受宠若惊的表现。章宗还官后，派遣使者赐钱二百万，使者传敕，命他跪听，他不应命，说："出家儿哪有这种规矩？"使者发怒说："你要是不跪，我就回去了。"他说："你传旨，我怎敢不听？你要是不传，那就听便。"最后，使者不得不让万松老人焚香站着听敕。章宗知道了这件事，责怪使者说："朕施财是为了祈福，哪里用得着野人闲礼！"这件事当时传播很广，禅林与士大夫都很佩服万松老人"不屈王公之前"的勇气与智慧。楚材知道了，很是钦佩，后来又用文字把这个故事记载下来。

　　在澄公和尚的指引下，楚材谒见了万松老人，表示了学佛的诚意，万松收留了他。楚材在万松门下参禅，"杜绝人迹，屏斥家务"，即便是数九严寒、三伏酷暑，也从不间断。这样夜以继日，废寝忘食，学了几乎三年，终于领悟了禅宗的要领。他从万松老人那里接受了"显诀"，彻底懂得了"忘死生，外身世，毁誉不能动，哀乐不能入"的道理。得道以后，回过头来看过去所学的东西，就如一堆瓦砾。他的胸襟开阔了，就像登东山而小鲁，登泰山而小天下，异乎寻常地超脱。万松对他很满意，面授衣领，许可他为及门世俗弟子，给他取道号为"湛然居士（居士，指在家修道的人）"，法名"从源"。

　　参禅并不是楚材人生信念幻灭的产物，相反，参禅平衡了乱世给他的人生信念带来的冲击，增强了他的信念，使他对人生的行藏否达、死生荣辱，有一个超然的态度，不至于因一时挫折不得志而改变了自己致君泽民的初衷。禅是他不得志时的解忧法，儒则是他用世时的济世具。他曾说："穷理尽性莫尚佛法，济世安民无如孔教。用我则行宣尼之常教，舍我则乐释氏之真如。"（《寄用之侍郎》）这就是居士的态度。他既不脱离现世、否定现世，堕入四大皆空的状态，又对现世保持一种超然、潇洒的态度，不为世俗的悲喜得失所约束。然而，儒家的政治理想、做人标准，却始终是他思想的主流。他不但以儒家的人生模式要求自己，也希望自己的爱子和自己一样，他曾为儿子作诗说：

　　　　我为北阙十年客，汝是东丹九世孙。

致主泽民宜务本，读书学道好穷源。

他时辅翼英雄主，珥笔承明策万言。

——《爱子金柱索诗》

楚材后来主张"以儒治国，以佛治心"，这当然不是一种纯粹的佛教徒的态度，所以遭到万松老人的责问。万松说他这种主张是"近乎破二作三，屈佛道以徇儒情者"。楚材赶忙解释，这只不过是弟子的"行权"，"非屈佛道也，是道不足以治心，仅能治天下"，儒道只不过是道的余泽。不过，禅宗确实对儒家在心性论方面的不足作了补充。既然治国平天下是根据于治心的，所以楚材说"治天下之道为治心之所兼"。佛道可以与儒道兼容并包，两者并不矛盾。

楚材曾作偈语述说他对道的看法。他说：

大道若沧海，万古长澄清。

酌之而不竭，注之而不盈。

偃鼠得满腹，亦足饱鲲鲸。

又如大圆镜，历劫长圆明。

中间无影像，应物而现形。

汉胡递相照，出没能纵横。

又如万钧钟，寂然藏雄声。

　　随叩而即应，圆音自铿锵。

　　小击而小响，大撞而大鸣。

　　又如长明烛，积岁长荧荧。

　　分为百千万，光明如日星。

　　惠之而不费，是为无尽灯。

——《旦日示从同仍简忘忧》（节选）

　　这个"大道"，不是虚无、寂灭，而是一种坚定的信念。这种信念就是儒教的社会政治与人生道路的学说。通过参禅的修养方式，这种信念获得了升华，成为一种超越的、永恒的精神本体。它不会因世界的纷然变故而消亡。它是超越时间的，不局限于某一地域，也是超越民族界限的。

　　正是这种坚定的信念使他在艰难的岁月没有放弃自幼的追求，而在身居显要的日子没有将权力用作谋私的工具。他阐明自己的处世原则说："否则卷而怀之，以简易之道治一心；达则扩而充之，以仁义之道治四海。"他认为，人不能放弃自己的信仰和追求去迎合世俗的权力，从而获取个人的荣华富贵。他对陶渊明十分赞赏。陶渊明所遇到的是一个"天地不交，万物不道，君子道消，小人道长"的时代，他见几而作，挂印而归田园，与志同道合的朋友结社赋诗，安林泉之乐，这比那些急于进用而与小人苟且为伍的人对社会的贡献要大得多。

耶律楚材是中国传统的典型的士大夫，他出身于契丹族，但他没有民族的偏见。虽然孔圣人是汉族人，《诗》《书》《礼》《乐》都是用汉字写成的，但他并不抱残守缺，固守游牧民族的生活方式。他认为，儒家的名教是超越民族界限的，正如他自己所说"汉胡递相照，出没能纵横"。他对辽、金二朝能学汉制很为赞赏，他说："辽家遵汉制，孔教祖宣尼。焕若文章备，康哉政事熙。"又说："武元平宋地，殷礼杂宗姬。"对宋徽宗、宋钦宗蒙尘的原因，他公道地指出，一是由于宋廷奢侈腐化，宋朝皇帝道德堕落；二是没有处理好外交关系。在金朝势力兴起时，没有改善与辽朝的关系，使辽朝作为牵制金朝的力量，反而乘人之危报仇怨，结果自撤藩篱。楚材没有宋朝士大夫华夷之辨的观念，他的理想是华夷一统。金朝已处穷途末路，大蒙古国方兴未艾，他希望能借助这一新兴的势力，来实现自己的政治抱负。

第三章 扈从西征

一、抉择

成吉思汗在建立大蒙古国以前，就十分注意利用金国内部的矛盾，尤其是女真统治者与契丹人之间的矛盾。金在征服辽以后，对契丹人采取既钳制又笼络的政策，对归顺的契丹贵族，颇存戒心，不能予以充分信任。契丹人中也始终存在仇视金朝的情绪，他们不甘心长期处于女真贵族的统治之下。成吉思汗看到这一点，就设法争取金朝的契丹贵族后代倒向自己的一边。金朝末年，契丹贵族后裔耶律阿海奉命出使蒙古克烈部，当时成吉思汗正与克烈部结成联盟。耶律阿海见成吉思汗姿貌魁伟，气质异常，便进言说："金国武备废弛，奢侈风气日盛一日，灭亡指日可待。"成吉思汗听了很高兴，说："你愿意臣服我，有什么作为凭信？"阿海于是以弟秃花为质，充当宿卫，共同投奔成吉思汗。成吉思汗十分看重阿海兄弟，让他们陪左右，参与机谋。在攻夏伐金的战争中，他们屡立战功。

在伐金的战争中，成吉思汗更加主动地拉拢金国的契丹人。耶律留哥在辽东举兵反金后，成吉思汗出兵帮助他在辽东站稳了脚跟。金朝防守北部边防乣军中契丹人的倒戈，使蒙古兵轻松突破了金朝的防线。攻打中都时，契丹军起了很大的作用，而且中都的陷落与金国驻守南部乣军的哗变投降也是分不开的。

攻占中都后，成吉思汗继续寻访辽朝宗室近族。他听闻耶律楚材的名声，就下诏征召这位契丹皇族的后裔到漠北相见。这时，耶律楚材在遭变参禅后，正守穷待变，接到成吉思汗的征诏，他马上毫不犹豫地予以答应。

楚材带着书籍、文具和一把琴，告别50余岁的母亲、妻儿和朋友，随使者踏上了北去的旅程。临行，母亲剪下些许头发，郑重交给他，说："俗传父母的头发，戴在头上可以辟五兵。"楚材于是将它们系在自己鬓角边。朋友们嘱咐他，一定不要忘了自己的抱负。他表示，致君泽民是他如山岳般不可动摇的志向，赴大漠的目的，就是要劝说成吉思汗行仁政。

楚材从燕京的故居永安（今香山）出发，过居庸关，历武川（金宣德州，今河北宣化），出云中（今大同境）之右，越天山（今阴山），由净州（今内蒙古四子王旗西北净州古城）、沙井（今内蒙古达尔罕茂明安旗东北萨其庙附近古城），涉大碛，逾沙漠，3月有余，于夏天抵达位于克鲁伦河上游与臣赫尔河合流处西岸的大斡耳朵（宫帐）。

耶律楚材身长八尺，美髯垂胸，状貌魁伟，声音洪亮，成吉思汗见了，十分欣喜，兴奋地说："辽与金是世仇，我已经替你把仇报了。"楚材却平静地说："从臣的祖父以来，都做过金朝的官，既然做了臣子，怎么能怀有二心，仇视君父呢？"成吉思汗听了，十分欣赏，很看重他的为人，让他经常随侍自己身边，随时咨询。后来，成吉思汗甚至不称呼楚材的名字，而是亲切地称他为

"吾图撒合里"。在蒙古语中，"吾图"是"长"的意思，"撒合里"就是"胡子"，两个词加在一起，意思就是"长胡子"。

大翰耳朵附近，"山川相缪，郁乎苍苍。车帐如云，将士如雨，马牛遍野，兵甲赫天，烟火相望，连营万里"，楚材见到这种景象，感到这是一个千古未有的强盛势力，他希望凭借这个势力实现自己的抱负。他作诗述怀说：

> 一圣龙飞德足称，其亡凛凛涉春冰。
>
> 千山风烈来从虎，万里云垂看举鹏。
>
> 尧舜徽猷无阙失，良平妙算足依凭。
>
> 华夷混一非多日，浮海长桴未可乘[1]。

二、扈从西征

就在耶律楚材北上觐见成吉思汗的同时，发生了讹答剌（今哈萨克斯坦奇姆肯特西北齐穆耳）事件。

原来13世纪初至13世纪20年代，当成吉思汗崛起于蒙古高原的时候，

---

[1]《论语·公冶长》中说："道不行，乘桴浮于海。"桴是小木排或竹排。

中亚花剌子模国的势力也臻于极盛。花剌子模沙（王）摩诃末野心勃勃，推行向外急遽扩张的政策。他打败了西辽的军队，袭用"算端辛札儿"之号，自拟于伊斯兰世界的真正统治者，势力扩张到大蒙古国的西境。以前，花剌子模与大蒙古国并没有交往。1213 至 1215 年间成吉思汗攻入金国的消息传到中亚，摩诃末为了证实这个消息并探听蒙古国力量的虚实，派出一个使团和一支商队来到东方。成吉思汗在中都的驻营地接见了他们，并颁布一道札撒①保护自由的商业贸易。随后，成吉思汗也派出使团回访，同时派遣一支由 450 名穆斯林组成的商队前去做买卖。蒙古商队用 500 头骆驼驮载着金银、中原的丝绸、蒙古毛皮等货物，在 1218 年春天到达花剌子模的边境城市讹答剌。讹答剌的长官亦难出贪图商队的财物，竟然诬指他们为间谍，将他们扣押起来，然后写信报告摩诃末。摩诃末狂妄自大，利令智昏，命令将商人全部杀死，没收货物。仅有一名商队的驼夫幸免于难，逃回蒙古。

成吉思汗得到讹答剌惨案的报告，愤怒至极。他独自登上山头，脱去帽子，以脸朝地，祈祷了三天三夜，仰望苍穹说："我非这场灾祸的挑起者，长生天，赐予我复仇的力量吧！"于是他开始准备复仇的战争。他先派出三个使臣到花剌子模，指责摩诃末背信弃义的行为，要求交出凶手亦难出。摩诃末不但拒绝了这个要求，而且下令杀死为首的使臣，将其余二人剃去胡须，逐出境外。于是，复仇的箭再也按捺不住了。

———————————————

① 札撒，蒙古语，指法令。

成吉思汗对西征作了认真准备。他先派遣先锋哲别率军消灭盘踞西辽的屈出律，以扫除进兵路上的障碍。这个目的很快就达到了。同时，他派去追剿篾儿乞残部的大将速不台等人也胜利班师，并报告了与花剌子模军队初次交锋的情况。

成吉思汗开始实施西征的具体计划。他召集了一次大聚会，整饬和训导他的儿子、大异密（大将官）和那颜们及千户、百户和十户，安排两翼和前锋，宣布一条新札撒，并重新确定了训言、札撒和古来的体例。

1219 年春天，成吉思汗亲率大军，自和林出发西征，楚材作为扈从同时启程。盛夏时节，西征军跨越金山（今阿尔泰山）。金山高耸入云，山上常年积雪贮冰。成吉思汗下令凿冰开道，战士齐努力，天险变坦途。金山的景色雄伟壮观，令楚材心旷神怡。山中飞泉成瀑，松桧参天，山谷花草弥漫。从山巅放眼望去，群峰竞秀，乱壑争流，壮丽无比。

越过金山后，成吉思汗在也儿的石河（今额尔齐斯河）畔驻扎。

夏末秋初，威武雄壮的蒙古战士，恭候大汗的命令，整装待发。他们都是神射手，发矢能击落太空之鹰，黑夜掷矛能击中海底之鱼；他们视战斗之日为新婚之夜，把枪刺看成美女的亲吻。他们的眼中，充满了复仇的怒火，他们要用敌人的毁灭去洗刷自己遭受的耻辱。

纛旗猎猎，迎风飘扬，成吉思汗代表全军祭祀它，愿守护神保佑无畏的勇士，战无不胜。这时，天气突变，乌云密集，竟然下起了鹅毛大雪。雪花覆盖了大地，洁白一片。成吉思汗很是疑惑，难道长生天改变了主意，不支持他的西征？长胡子耶律楚材说："玄冥之气，见于盛夏，是克敌的征兆。"成吉思汗听了，脸上充满了自信的神气。于是，浩浩荡荡的西征军又出发了。

这次西征，除太师木华黎国王率领一部分军队继续攻伐金朝外，成吉思汗的诸子、诸那颜和大部分蒙古军都参加了。此外，还有金国、西夏新归附的契丹军、汉军、河西军以及大批能工巧匠。到也儿的石河畔后，畏兀兀、哈剌鲁两部首领也奉命率军从征，总数将近 20 万。

仲秋，西征军过不剌城。这座城位于现在新疆艾比湖西南的博乐市境内，是当时东西往来的要冲。从不剌城向南，越阴山。阴山就是今天新疆天山山脉西部婆罗科努山的一部分。山顶有圆池（今赛里木湖），周长大约 80 里。既过圆池，南下经过松关（今果子沟），也就是塔勒奇山峡。这里山石峭立，泉飞撞谷，奔腾汹涌，形势十分险要。成吉思汗让二太子察合台负责凿石修道，砍木为 48 桥，桥宽可并行两车。据说现在还残存 32 桥。山峡形势险峻，景色也十分美丽。峡谷中满布林檎树（沙果），树荫蓊翳，不露日色。阴山奇美的景色，西征军磅礴的气势，激发了长胡子无限的诗兴，他作诗歌咏道：

阴山千里横东西，秋声浩浩鸣秋溪。

猿猱鸿鹄不能过，天兵百万驰霜蹄。

万顷松风落松子，郁郁苍苍映流水。

六丁①何事夸神威，天台罗浮②移到此。

云霞掩翳山重重，峰峦突兀何雄雄。

古来天险阻西城，人烟不与中原通。

细路萦纡斜复直，山角摩天不盈尺。

溪风萧萧溪水寒，花落空山人影寂。

四十八桥横雁行，胜游奇观真非常。

临高俯视千万仞，令人凛凛生恐惶。

百里境湖山顶上，旦暮云烟浮气象。

山南山北多幽绝，几派飞泉练千丈。

大河西注波无穷，千溪万壑皆会同。

君成绮语壮奇诞，造物缩手神无功。

山高四更才吐月，八月山峰半埋雪。

遥思山外屯边兵，西风冷彻征衣铁。

——《过阴山和人韵》

　　从松关出来，就是阿里马城（今新疆霍城县克干山南麓）。这个城市以多林檎园而得名。林檎，波斯语称为"阿里马"。

----

① 六丁，道教中的火神，可驱使雷电。

② 天台，山名，在今浙江天台县北，是仙霞岭山脉的东支，游览胜地。罗浮，山名，在今广东增城、博罗、河源等县间，为粤中名山。

从阿里马往西，渡过亦列河（今伊犁河），经西辽旧都虎司窝鲁朵（又名八剌沙衮，今托克玛克城东南10公里的布拉纳废墟）、塔剌思城（今哈萨克斯坦江布尔），西征军直趋花剌子模边城讹答剌。然后兵分四路：一路由二太子察合台、三太子窝阔台指挥攻该城；一路由大太子术赤指挥沿忽章河（今锡尔河）而下取毡的（今哈萨克斯坦克齐尔-奥尔达东南）；另一路由阿剌黑那彦率领南下取别纳客忒（今乌兹别克斯坦塔什干南，锡尔河北岸）、忽毡（今塔吉克斯坦列宁纳巴德）；成吉思汗和四太子拖雷统率主力，渡过忽章河，逾沙漠，直趋中亚文化名城不花剌（耶律楚材在《西游录》中译为"蒲华"，今乌兹别克斯坦布哈拉）。长胡子耶律楚材随成吉思汗军前进。

成吉思汗在攻下不花剌周围的小城，撤去它的屏障后，于1220年二月抵达该城，将它包围起来。该城守将连夜逃遁，蒙古军尾追到阿姆河畔，将他们消灭。不花剌城的教长、绅士们献城投降。成吉思汗和拖雷纵马直入回回清真寺，在那里设宴庆功，召来城中的歌伎歌舞佐饮。蒙古兵将装满《古兰经》的箱子打开，抛掷经书满地，任凭马蹄践踏，把藏经箱当作马槽。成吉思汗登上节日公共祈祷广场的讲坛，宣布花剌子模沙背信弃义的罪行，声称他是"上帝之鞭"，对犯下罪孽的人们施行惩罚。

蒙古军然后用火攻的办法，攻下了仍在顽强抵抗的内城，抵抗者3万余人全部遇难。繁华的不花剌城被夷为平地，幸免的百姓，丁壮被签征为军，往攻撒麻耳干（今乌兹别克斯坦撒马尔罕），其余的人在蒙古兵离去后，就从荒城中逃到了乡村。伊斯兰史学家描述蒙古兵给不花剌带来的厄运说："他们到来，他们破坏，他们焚烧，他们杀戮，他们抢劫，然后他们离去。"

三月，成吉思汗从不花剌向东进围河中首府撒麻耳干（摩诃末在吞并河中后以此为都城）。这时，经过5个月的鏖战，察合台与窝阔台所率领蒙古军终于攻陷了不花剌，将杀害蒙古商队的守将亦难出押至成吉思汗面前处死。然后，他们的部队与主力会合，各驱降民随军攻城。一听到蒙古军进入河中的消息，摩诃末慌忙撤离撒麻耳干，退到阿姆河之南。撒麻耳干城中军民稍有抵抗，到围城第五日，康里守军和城民献城投降。成吉思汗下令将投降的康里将士3万余人屠杀于平野中，又从居民中签括工匠3万人分赐诸子、亲属，并选同样数量的壮丁随军作战，其余居民则在交纳赎金后允许回城。契丹人耶律阿海受命为达鲁花赤，镇守此地。经过这次战祸，撒麻耳干遭到很大破坏。楚材作诗说："寂莫河中府，声名昔日闻。城隍连畎亩，市井半丘坟。"

攻取撒麻耳干后，从春末到秋初，成吉思汗先驻该城，后移军于那黑沙不（今乌兹别克斯坦哈尔希）附近草原，休养士马，准备下一步进攻。一到秋高马肥，他就派遣察合台、窝阔台率领右翼军去攻取花剌子模首都王龙杰赤（今土库曼斯坦尼亚马尔根奇），命术赤率本部兵从其忽章河畔的驻营地南下会合；成吉思汗与拖雷统领中军向阿姆河挺进，兵锋指向摩诃末逃往的地方呼罗珊（今阿姆河以南地区）。

早在围攻撒麻耳干时，成吉思汗得知摩诃末已退往阿姆河南，即派遣哲别、速不台和脱忽察儿（弘吉剌部人）各领1万精骑渡河追击。摩诃末又逃向可疾云（今伊朗德黑兰加兹温）。哲别、速不台奉成吉思汗命专追花剌子模沙，一路上既不停驻，也不杀掠，只是加快步伐，紧追不舍。摩诃末又逃到宽田吉思海（今里海）南边的祃拶答而境内。蒙古军跟踪而至，摩诃末最后逃到海中的一个岛上。1220年底，摩诃末病死，传位其子札兰丁。

札兰丁葬父后潜回玉龙杰赤。康里守将素与札兰丁不和，密谋发动政变，札兰丁赶紧又逃往呼罗珊。

自1221年初，蒙古军即合围玉龙杰赤。因术赤与察合台失和，号令不一，连攻数月不克。成吉思汗于是授命窝阔台统一指挥。蒙古军终于在四月攻入城中，用猛火油（石油）纵火焚烧房屋，但仍遭到城民的激烈抵抗，最后守城者力竭投降。蒙古军将居民全部赶出城外，将工匠（据说总数达10万人）聚集在一起，押送到蒙古；其余人分配各军，除青年女子和儿童被掳为奴婢外，尽数屠杀。然后掘开阿姆河堤，放水灌城，藏在城中的人全被淹毙，昔日繁华富庶的花剌子模首都，便成了一片汪洋。

成吉思汗和拖雷率领中军从那黑沙不出发，过铁门关（今乌兹别克斯坦沙赫尔夏勃兹南90公里拜松山中的布兹加勒山口）南下。然后成吉思汗命拖雷统率精锐先渡河取呼罗珊诸城，自统军取北岸诸城。

札兰丁自玉龙杰赤出走后来到他以前的封地哥疾宁（今阿富汗加兹尼），得到两位大臣的支持，势力复振，于是进屯八鲁湾（今阿富汗查里卡东北），出击蒙古军，颇获小胜。成吉思汗得信，即遣失吉忽秃忽率军往攻，会战于八鲁湾川，蒙古军大败。札兰丁部因争夺战利品发生分裂，部分将领率部离去，札兰丁势孤，退回哥疾宁。这时，成吉思汗部与察合台、窝阔台部军合师，成吉思汗亲统大军挺进哥疾宁，札兰丁弃城逃向申河（今印度河）边。11月24日，成吉思汗下令蒙古军猛攻，札兰丁跃马入河，泅渡到对岸，率残兵4000人入印度。

1222年春，成吉思汗命八剌等率领蒙古军2万人入印度追击札兰丁，但一直未找到他的踪迹。入夏后，蒙古军退至大雪山（今兴都库什山）地区过夏。九月，成吉思汗率部渡过阿姆河，回到撒麻耳干地区过冬，闻西夏有变，便决定东归。他任命花剌子模人牙剌瓦赤及其子麻速忽治理西域各城，并置达鲁花赤监临。1223年，成吉思汗驻夏于忽兰巴失；1224年，驻夏于也儿的石河畔，次年春回到蒙古。

在成吉思汗追击札兰丁的同时，哲别、速不台进兵高加索、黑海北岸地区。1223年底，他们率部东返，与成吉思汗会师东归。

在扈从成吉思汗西征的过程中，耶律楚材的工作主要是两件：一是汉文书记，二是星象占卜。蒙古人从成吉思汗到平民百姓都信原始宗教萨满教，信仰万物有灵，尤其是信奉至高无上、力量无穷的"长生天"。每有进退杀伐，事先成吉思汗都亲自用烧红的铁锥钻灼羊胛骨，观看它坼裂的纹理，辨识吉凶，从此得知长生天是赞成还是反对。耶律楚材则观天象，察气候，预卜吉凶，以相应和。楚材是个知识渊博的文人，对各种占卜现象的解释，当然会比成吉思汗周全圆通，而且许多占卜方法是楚材独有而成吉思汗没有掌握的，萨满也无法与他比。所以，成吉思汗对他特别倚重。西夏人常八斤，擅长造弓，为成吉思汗所信用，他经常骄傲地说："国家方用武，耶律是儒士，有什么用！"楚材说："治弓尚须用弓匠，治天下难道就不需要用治天下匠？"成吉思汗听了，表示赞成。这种赞成并不意味在戎马倥偬中，成吉思汗要用儒术来治理国家，而仅意味着他对楚材的占卜技术非常欣赏。楚材当初被征召到漠北相见，就是因为擅长占卜。他留下诗句说："白天明下诏，知我素通蓍①。"

据说，楚材的占卜非常灵验。按照蒙古人的信仰，打雷是天在叫，所以每当听到雷声，就恐惧不敢行师。1220年，楚材扈从成吉思汗驻跸不花剌，冬天打大雷，成吉思汗很不快活，问楚材是怎么回事，楚材说：这是意味花剌子模国王摩诃末"当死中野"。后来，摩诃末病死于海岛，算是应验了楚材的话。1222年秋天，长星（彗星）见于西方，楚材说："女真人要换主子了。"次年，金宣宗完颜珣死，竟让楚材说中了。

这里还有一个"角端人语大兵还"的故事。成吉思汗沿原路班师的原因，历史上众说纷纭。波斯史学家志费尼说，成吉思汗的军队在印度，因气候不良，兵士大多病倒，兵力下降。待兵士体质恢复，成吉思汗打算从印度到西夏的道路回师。他走了几程，但无路可通，只好返回去，到达白沙瓦，取原路而

①蓍（shī），指占卜术。蓍草是一种多年生草本植物，茎、叶含有芳香油。我国古代用它的茎占卜。

回。另一位波斯史学家拉施特说，崎岖的山岭、稠密的森林、恶劣的气候、不洁的饮水，再加上西夏反叛的消息，都是成吉思汗回师的原因。印度史学家朱思扎尼则说，成吉思汗之所以未能经过印度回师东方，是因为占卜的结果提示那样不吉利。根据汉文史料的记载，当成吉思汗往印度追击札兰丁经过铁门关时，他的侍卫见到一头怪兽，鹿形马尾，绿色独角。另一记载则说这头怪兽二目如炬，鳞身五色，顶有一角。怪兽会说人话，对侍卫说："你们的君主应当及早回去。"成吉思汗听到侍卫的报告，感到很奇怪，问耶律楚材是怎么回事。楚材说："这种怪兽名叫角端，一天能走 18000 里，懂得各国语言，是上天厌恶杀伐的征象，上天派它来告示陛下。愿陛下听承天心，宽宥这几国人的性命。这实在是陛下的无疆之福。"成吉思汗听了楚材的解释，当天就下诏班师了。

这个角端究竟是什么？研究者说法不一，有人说是犀牛。有的史学家认为历史上根本就没有这么一回事。有的史学家则认为角端一事并非虚妄，但与成吉思汗班师没有关系。当然，将这种神秘的传说全看作信史是不科学的，但是，它也不会是无中生有地被编造出来。这个故事大概反映了这样的历史事实："当成吉思汗继续前进遇到困难的时候，曾又一次求助于占卜之类的迷信活动，而耶律楚材也再一次发挥了自己的特殊作用。"[1]

楚材除占卜外，还做汉文书记的工作。成吉思汗应答长春真人丘处机的诏

---

[1] 选自黄时鉴：《耶律楚材》，上海人民出版社 1986 年版，第 19 页。

书，就是出自楚材的手笔。

楚材还管理过屯田。蒙古军攻破撒麻尔干后，曾徙该城豪民子弟 400 人到塔剌思屯田，由楚材负责管理。

当然，充当占卜术士、书记，管一管屯田，并不是楚材的理想。他应诏北上、扈从西征，是为了说服成吉思汗采纳他的一套以儒治国的方案。可是，成吉思汗热衷于维持蒙古国原有的社会政治制度、无休止的军事征服，对楚材的治国方案不感兴趣。楚材感到"致主泽民元素志，陈书自荐我无由"。为了实现他的政治理想，楚材一有机会就向成吉思汗陈述自己的主张，但成吉思汗并不理会，结果只是"笔头解作万言策，人皆笑我劳无功"。因而，在扈从西征期间的诗作中，楚材每每流露出郁郁不得志的心情。"流落避荒淹岁月，赢得飘萧双鬓雪。"深感"风云未会我何往，天地大否途难通"。然而，他并不是为个人的得失行藏而忧愁，忧的是"道之将丧"。所以，尽管他在扈从西征的过程中郁郁不得志，但他并没有改变自己的初衷，他仍然是"忘忧乐道志不二"，守穷待变，等候时机。

第四章 忘忧乐道

一、友谊

耶律楚材在扈从西征的途中，虽然没有实现致主泽民的壮志，但他仍是矢志不渝，"颠沛不违仁"，利用机会，维持、光大孔子之道。

楚材是一个三教同源论者，他认为孔子、老子和释迦牟尼是三位圣人，"三圣人教皆有益于世者"。"吾夫子之道治天下，老氏之道养性，释氏之道修心"，从不同的方面对世道人心起着有益的作用。圣人设教立化的方法虽然有权与实的不同，但归结到阐扬圣人之道这一点上，都是无过与不及的。道是易知易行的，而不是难信难行的，因为道不是掀天拆地、翻海移山式的诡谲怪诞的说法。由于人们往往好异求难，所以三教都存在异端邪说，由于同样的原因，人们对异端邪说又常常难以识别。又由于蒙古国开国不久，崇尚宽仁，给异端邪说的滋长传播提供了条件。所以，他要根据孔夫子的忠恕之道，对异端邪说予以辩驳，从而遏止士大夫中"党恶佐奸，坏风伤教"的行为。

在西域的时候，很多中原落魄的中原士大夫想通过楚材的引荐，在大蒙古国求得一席之地。楚材是一个很惜才的人，对于才能之士，他总是尽其可能为他们创造显露才华的机会。但是，从他们寄给他的书信诗赋中，他却发现：士大夫对于儒家的异端邪说有较清楚的认识，对佛、道二教的异端邪说却缺乏起码的辨别能力，从而堕入陷阱，为其鼓吹。有位名叫赵君瑞的人，作了一篇《头陀赋序》，对"糠蘖"予以赞扬、鼓吹，楚材见了这篇文章，简直是义愤填膺。他为此特意撰写了《辨邪论》一文，对"糠蘖"进行辩驳，认为它是佛教的异端邪说；又写信给赵君瑞，以诤友的身份劝告他与"糠蘖"脱离关系，并销毁《头陀赋》的刊版，以雪前非，不然，"则请于兹绝交"。这种态度，可以说是重信仰过于朋友了。

所谓"糠蘖"，指的就是糠禅，它是禅宗中最为激烈单纯的一派，对佛教中的偶像崇拜、布施忏悔、出家修行、烦琐教义，等等，都予以摒弃。它的创始者是一个被称为刘纸衣的人，创立的时间大约是在北宋末年和金朝初年。从"糠""纸衣"等名称看，这种宗教是下层民众的宗教，而它摒弃一切教义教仪，简单明了，也易为下层民众所接受。在金世宗大定二十八年（1188），糠禅曾遭到金朝政府的禁毁。但是，在民间，它依然很盛行。到金蒙之际，它的信仰者仍然以市井工商之徒居多，但是士大夫中的信仰者也不少。楚材作为一个正统派禅宗的信徒，对这种异端，当然就不容不予以辩驳。

楚材认为，儒、释、道三教异端邪说都很多。杨朱、墨翟、田骈、许行的学说是儒教的异端邪说，西域的九十六种、毗卢、糠禅、瓢禅、白莲教、香会等是佛教的异端邪说，全真、大道、混元、太一、三张是道教的异端邪说。楚材把全真等教划归为道教的异端邪说，其中还有一段金蒙之际佛、道斗争的公案。

宋室南渡（1127）后，中原士大夫不甘做亡国奴出仕金朝，于是聚徒训众，自谋生路，先后创立全真、大道、太一三教。这三教与以前的道教不同，学者们称之为"新道教"。其中以全真教的势力最大。全真教以识心见性为宗，要求人们除情去欲，忍耻含垢，苦己利人。教徒们耕田凿井，自食其力，然后用所剩余的财物接济落难的人们。全真教创立之初，正值金朝兼并中原之地，战乱之后，人民流离失所，纷纷皈依全真门下。80余年后，蒙古攻金，金主南渡，燕京陷落，中原再次受到战争的破坏，所以尽管全真教在金朝遭禁扼，但又复兴盛。当时全真徒满天下，宋、金、蒙古统治者见它的势力很大，便都想拉拢它。

蒙金之际，全真教最有名的宗师是长春真人丘处机（1148—1227）。他是山东登州栖霞人。19岁时，隐居于宁海（今山东烟台牟平区）昆嵛山，次年下山拜全真教祖师重阳真人王喆（1112—1170）为师学道，成为王喆的六大弟子之一。丘处机有一副道骨仙气的形象，而且"博物洽闻，于书无所不读"，学识修养也确有过人之处。他的名声传播很广，金和南宋都招聘过他，但他没有予以理会。蒙古太祖十四年（1219），成吉思汗西征，中途在也儿的石河畔驻夏，听说山东的海边有丘处机这么一个真人，就派遣侍臣刘仲禄率领蒙古骑士20余人到山东莱州传旨敦请。成吉思汗在诏书中说："访闻丘师先生，体真履规，博物洽闻，探赜穷理，道冲德著，怀古君子之肃风，抱真上人之雅操，朕心仰怀无已。奈何山川悬隔，有失躬迎之礼，朕但侧身斋戒沐浴，选差近侍刘仲禄，备轻骑素车，不远千里，谨邀先生，暂屈仙步，不以沙漠悠远为念，或以忧民当世之务，或以恤朕保身之术，朕亲侍仙座，钦惟先生将咳唾之余，但授一言斯可矣。"丘处机见成吉思汗"天赐勇智，今古绝伦，道协威灵，华夷率服"，感到开化度人的时机已经来到。然而，他这时已是 72 岁高龄，能否经得起数千里劳途奔波，心中没有把握，所以有所犹豫。正犹豫间，刘仲禄对他说："我奉特诏而来，敦请大师。大汗说了：哪怕逾越山海，不论多久岁月，一定要把你请去。"真人见无法推辞，便答应起程了。

蒙古太祖十五年（1220）春末，长春真人和弟子 19 人到达燕京，因考虑到年事较高，于是上陈情表，希望成吉思汗能从与他同时得道的另外三人中另择一人。但是成吉思汗急于和他会面，于是又下诏促丘处机速行。这封诏书就是出自耶律楚材的手笔。其中写道："军国之事，非朕所期，道德之心，诚云可尚……重念云轩既发于蓬莱，鹤驭可游于天竺。达摩东迈，元印法以传心；老氏西行，或化胡而成道。"这里用了两个典故。一是南天竺（天竺是印度的古称）人达摩（即菩提达摩）在南北朝时到中国创立佛教禅宗的故事；一是老子西游天竺教化胡人，释迦牟尼乃是老子化身的传说。楚材这样写，说明他当时是赞成丘处机到西域说教的。

当年的初冬时节，成吉思汗的诏书才传到邱处机手中。这时，他已抵达宣德（今河北宣化），于是在那里过了冬，于蒙古太祖十六年（1221）初又踏上西行的旅途，在仲冬时节抵达撒麻耳干。当时成吉思汗正在印度河畔追击札兰丁部，真人在撒麻儿干暂作休息，宣使即马不停蹄赶往大汗行营报告。蒙古太祖十七年（1222）三月上旬，宣使从大雪山的行营回来传旨，"朕现在已回到驻营地，亟欲闻道，请真人勿以疲倦为念，速来相见"。三月十五日，真人一行出发。过铁门关，越大山，渡阿姆河，眼前是一片陌生的地方，"千山及万水，不知是何处"。

四月五日抵达行营，馆舍方定，成吉思汗马上予以接见。原来这位天骄已经衰老了，像大多数的帝王一样，想寻求长生不死的方法。刘仲禄是他身边的御医，说丘公行年三百，有保养长生的秘术，大汗很感兴趣，便派人迎聘相见。成吉思汗对丘处机远逾万里应诏而来，称赞了一番，然后就问："真人从远方来，有什么能使我长生的药？"丘处机回答："有卫生之道，无长生之药。"这样的回答并不符合大汗的本意，但真人诚笃的态度仍赢得了大汗的好感。大汗又问如何称呼真人，臣下说人们有尊称他为"父师"的，有尊称"真人"的，还有尊称"神仙"的。大汗说："从今以后，可称为神仙。"当时天气已很炎热，神仙随成吉思汗到大雪山避暑，约定四月中再一次讲道。临期，因有军事行动，只好改约到十月份，神仙返回撒麻耳干。

中亚的仲夏炎热异常，丘处机就北轩风卧，夜晚则寝于屋颠之台，极暑时，就泡在水池中，怡然自适，活像一位神仙。

仲秋，成吉思汗又于行营召丘处机三人在帷帐问道。丘处机讲道的内容主要有三点：一、长生之道，清心寡欲；二、一统天下，不嗜杀人；三、为治之方，敬天爱民。这就是所谓的"雪山讲道"。对于精通中国文化典籍的文人来说，这些话都是平平之语，但成吉思汗听了觉得有道理，开阔了眼界，对左右说："神仙说养生之道，很合我的心思。"

雪山讲道后，深秋时节，丘处机扈从成吉思汗返回撒麻耳干地区过冬。年底，随大汗回师东方。次年春天，到达撒麻耳干东 1000 余里的锡尔河畔草原，成吉思汗与诸子会师，打猎作乐。大汗追猎一只大野猪，跃马奔驰中，坐骑突然失足跌倒，野猪站在旁边不敢动，左右侍从进马，成吉思汗却没有飞身上马，而是下令罢猎，回到了行营。丘处机知道了这件事，对大汗说："天道好生，圣寿已高，宜少出猎。坠马是上天在保护陛下。"大汗说："我已经醒悟了，神仙劝说我的话很对。只是我们蒙古人从小习惯了骑射，一朝一夕难以弃舍。尽管如此，神仙的话，我记在心上了。"丘处机辞行先归，成吉思汗赐给他一道盖有御印的圣旨，蠲免所有全真门徒的赋税差发。邱处机在东归的旅途上走了一年，于蒙古太祖十九年（1224）春末回到燕京。

在西域的日子里，耶律楚材和丘处机大约有一年的时间在一起相处。这两位同时代的名贤，一位是正当壮年的佛教居士，一位是岁已垂暮的道教真人。虽然如此，他们在西域相遇后一度是比较融洽的。在政治抱负上，他们有相同点。他们都看到了蒙古是一支方兴未艾的势力，居士在燕京陷落时没有南逃追随金宣宗，真人也拒绝了金和南宋的征聘。同时，他们也都看到了蒙古军的征战和杀戮，使发达的文明遭受破坏，广大的生灵惨遭屠杀。他们都接受了成吉思汗的征聘，希望以自己的力量去影响蒙古国的决策，使肃杀的武功转变成阳春般的文治。居士盼望"天兵几日归东阙，万国欢声贺太平"，真人"高吟归去待升平"。

正因为他们之间存在着共同点，所以当他们在西域相会时，摒弃了传统的门户偏见。丘处机抵达撒麻耳干，楚材以宾主礼仪相待。不久，丘处机对楚材说："久闻你尊崇释教。释、道二教素来相互攻击，我原以为与你不能契合相处，未料受到你这样的厚待，你真是一个通达大方的人。"楚材婉和地回答："儒、释、道三教在中国流行，已是岁远日深。哪个尊、哪个卑，汉、唐以来，早已有了定论，难道还要庸人俗士强为高下吗？"

后来，他们常往来交游，"联句和诗，焚香煮茗，春游邃圃，夜话寒斋"。不在一起时，还不时有书简往来。两人之间唱和的诗作数量不少，尚有一部分保存在丘处机的弟子李志常所撰的《长春真人西游记》和楚材的《湛然居士集》中。这些唱和诗，有的是春日河中郊游，即兴拈来；有的是彼此对西行旅途见闻与感想的追忆。唱和酬答之际，情感交流之中，佳句不时得到。譬如两人都曾翻越金山（今阿尔泰山），丘处机吟诗三绝，楚材逐韵相和。其中真人的一首咏道：

金山南面大河流，河曲盘桓尝素秋。

秋水暮天山月上，清吟独啸夜光球。

居士和道：

金山前畔水西流，一片晴山万里秋。

萝月团团上东嶂，翠屏高挂水晶球。

二、不许其心

但是，两位名贤间一度存在的交谊，后来竟完全消失了。他们唱和的诗句虽然保存下来了，但标题上都已不留显迹。楚材回到燕京后，还自己撰写、刊印了《西游录》一书，专事对丘处机进行辩驳。

《西游录》分为上、下两卷。下卷是专门针对丘处机的。据楚材提供的材料进行分析，他们两人始和而终相交恶有两方面的原因。第一是两人学识修养有差异，第二是佛、道二教素来就存在矛盾。两人绝交是佛、道二教矛盾发展的结果。而最重要的原因则在于：楚材站在儒士的立场，根本不赞同全真教作用于社会的方式。

丘处机未受成吉思汗的征聘前，声名本已很大，其知名度，楚材也有难及之处。他的信徒中不但有大量的下层群众，而且当他接受蒙古的征聘，突然受到帝王保护上可通天的时候，沦落失意的士大夫、当今显要都纷纷主动结纳。全真教为流离失所的人们提供了安身之地，为幻想永葆富贵荣华的人们许下了上天的诺言。真人西游路过燕京时，气势非常大。燕京的士庶僧道到卢沟桥郊迎，由丽泽门（当时燕京外城的西门）入，道士张陈仪仗，长吟其前，燕京行省石抹咸得卜安排真人下榻于玉虚观。此后求颂乞名的人天天爆满。凡是获得真人所赐名号的人，在兵荒马乱中，都能免遭伤害。真人又设道场，大作醮事，登宝玄堂传戒，这时天空出现了瑞象：有好几只白鹤自西北方向飞翔过来，人们都抬头仰望。焚简之际，一简飞向空中熄灭，同时五鹤在它的上空盘旋飞翔。士大夫都说这是师父的至诚之德感动了天地。南塘老人张天度（字子真）率先作诗颂美这件事，其他士大夫群起附和奉迎。后来又绘成画，将诸士大夫的诗题写在上面，便制成了《瑞鹤图卷》。丘处机到西域时，便将这幅图卷带到了撒麻耳干。在图卷上题诗的士大夫不少都是耶律楚材的朋友，楚材见了很不高兴，作诗讥讽那些题诗奉迎丘真人的朋友。

丘处机受成吉思汗征诏，全真门徒意气风发，不免稍露轻傲态度，有人竟然讽劝楚材归奉全真教，做丘公的弟子，楚材拒绝了。他回答说："我幼年学儒，成年后奉释，怎么能降于乔木，入于幽谷呢？"表示坚守自己的信仰，决不会倒向全真。在楚材的眼里，长春真人是一位修养浅薄的人，而且还不诚实，爱受别人的吹捧。丘处机有一个文集，名叫《磻溪集》，有人在为此集作的《序》中说丘公日记数千言。但是楚材记得有过这么一回事：丘公曾从他那里借阅《播芳文粹》（指宋朝人魏齐贤、叶芬所编《圣宋名贤五百家播芳大全文粹》）。黄庭坚（1045—1105）所著《观音赞》[①]中有这样的话："通身是眼，不见自己；欲识自己，频擎驴耳。"丘公问他："此是何等语？"对于深通禅理的楚材来说，这段话所说的相对性是很容易理解的。楚材听了丘的话，未作回答。私下对别人说："山语脱白衲，僧已知落处。他连佛道的藩篱都没进，怎么能窥探它的堂奥呢？"从此表面上对丘公很尊礼，内心却很看不起。

在《西游录》中，楚材指出十件不许可丘处机的事。前五件和楚材看不起全真徒的学识修养和故弄玄虚的迷信做法有关，其中有的做法使人觉得全真教纯粹是在骗人。如刘仲禄在成吉思汗面前推荐丘处机时说真人行年三百。丘处机进觐时，成吉思汗问他是哪年生的，真人却说不知道。楚材发问道："世界上有明哲之士连自己的生年都不知道的吗？"

当然，楚材对丘处机最不满的还是后五件事中的前四件。一是在西域的时候，曾商量好僧、道这些修善之士都免赋役，丘公回到燕京后却"独请蠲道人差役，言不及僧"。成吉思汗虽许免道士差役，仍诏令以后不得再收度徒众，丘处机却违诏广度。二是请得符印后，私自创建道观。三是为道徒能够使用驿站，丘公请得牌符，让王伯平等人悬挂，乘驿于四处活动，企图通管僧尼。四是拆毁夫子庙与佛寺为道观，夺种田圃，非但不认错，反而文过饰非。从这四

[①] 应为《沙弥文信大悲颂》。此称《观音赞》，或耶律楚材一时记忆有误。

件事看，当时佛、道二教间有过激烈的斗争。

丘处机应诏西游，取得了世俗政治权力的支持，改变了全真教过去"不求闻达于诸侯"的隐修会的面貌，他本人受成吉思汗之命总管天下道教，成为中原地区率先接受蒙古国统治的宗教领袖，地位更加显赫。他回到燕京后，住在天长观，"为帝者之尊师，亦天下之教父"。他也为全真教徒取得了免除赋税差发的特权。当时蒙古兵屡次践踏中原，黄河南北尤其为甚，人民惨罹俘戮，无所逃命，丘处机回到燕京后，就派他的弟子持牒在战伐之后招收徒众，于是沦为蒙古兵驱口的人民得以重新获得自由，濒临绝境的人们得以获得新生的机会。到明朝初年撰修《元史》的时候，中原人民对丘处机的功德仍是十分怀念。可见丘处机利用全真教这面旗帜，广收徒众，对抚定中原的流离百姓，安定社会秩序，恢复残破的局面，是起过不可磨灭的积极作用的。当然，全真教在发展势力的过程中，只顾及了宗派利益，侵害了佛教甚至儒士的利益，当然就会引起佛教徒甚至儒士的反对和抗争。

楚材说第十件不许可的事是丘公"据厕而终"，其门徒却说是"登葆元而化，异香满堂"。这件事与丘处机本人的学识品德并无关系，以此作为指斥丘处机的根据，未免过当。

楚材撰刻《西游录》是在丘处机已弃世之后，那么他为什么还要喋喋不休地予以指斥呢？他说："我与丘公，友其身不友其心，许其诗不许其理。当年在成吉思汗的面前，我已经发现了他的毛病，但是我与他的信仰相异，如果批评他，就会发生是非纠纷，所以只能在心底予以不同意。丘公当初主张三圣教同，没有彼此的分别，又说军国之事非他自己所擅长，关于道德之心，在于令人控制欲望。三圣人教弛而复张，是他的心愿。我听了这样的话，怎么能不予以赞成呢？他后来食言偏党，毁佛像，夺寺田，改寺为观，改宣圣庙为道庵，有摈斥儒、佛二教的野心。虽然说君子掩人之恶，彰人之善，但是，他这种作恶的行为，我怎么能予以掩盖呢？"

楚材是佛门的居士，他从维护佛教的利益出发辩驳指斥丘处机，这一点十分明显。然而，从根本上看，楚材是孔门的信徒，他是站在儒士的立场，根本不赞成全真教影响社会的方式。他关于儒、道、佛三教都有益于世的主张，是以儒教作为出发点和归结点的。他认为在蒙古国的统治下要实现太平世界的理想，首先要教化民众。教化民众要达到使他们"不杀、不欺、不盗、不淫"的目的，而要达到这个目的则须三教并用，以佛教的因果之诫化其心，以道教的慈俭自然之道化其迹，以儒教的君君、臣臣、父父、子子之名教化其身，使三圣人之道像权衡能评价物体的重量一样能规范民众的行为，那么民众归顺教化就会像草随风偃、水往低流一样。而全真教是道教的异端，不但起不到这种作用，反而会起反作用。因为全真是违反君君、臣臣的名教的。符合楚材正统观念的道教应是一种修身养性的学问，这种学问的内容就是慈爱、俭朴、自然，它对儒教的名教起补充强化的作用。

楚材在西域羁旅10年，郁郁不得志，但并未动摇自己的志向。后来有人问他："人如果养尊处优，就会消磨意志，所以古人有登泰山、观沧海以壮大志向的，也有怯夫懦士涉险难、罹忧患而放弃抱负的。你西行数万里，升金山，瞰瀚海，逾昆仑，穷西极，难道没有壮大自己的志向？从军旅，涉沙碛，行役所困，暴露所苦，难道没有放弃自己的抱负？二者之中，你必定居其一。"

楚材回答说："大丈夫立志已决，就像山岳一样不可动摇，怎么能够随时而俯仰、触物而低昂呢？"

第五章 ❧ 观花望云

一、不知身是客

志向坚定的人，把个人的荣辱得失，甚至生死和王朝的兴亡胜负都看得很轻，在自己的抱负不能顺利实现时，不会怨天尤人，无所事事。楚材写过这样的诗句："历代兴亡数张纸，千年胜负一盘棋。因而识破人间梦，始信空门一著奇。"可不要以为这是一种人生如梦的消极态度。表面上看，似乎楚材对政权的兴亡都不关心了，消极避世了，实际上，他正是在摆脱了王朝兴亡的困惑后，才保持了对自己信仰的忠贞不渝。按禅宗的说法，"本心即佛"，对于楚材来说，这个本心，就是他致君泽民的志向，就是他所坚守的道。

既然没有了现世个人得失的烦恼，就不妨随遇而安，既可把酒临风、悲歌慷慨，也可吟花啸月、醉卧林下，用楚材自己的话说，就是"有道不妨居闹市，无心奚碍酌贪泉"。这是一种达观适意的人生态度，貌似消极，实际上却十分积极，它教人们把握住当下，为否尽泰来时的大有作为蓄积力量。

楚材在西域虽然未能酬壮志，但他发现中亚的自然风光是那么美，人情风俗是那么有趣，葡萄瓜果是那么有味。他回到中原后，回忆在西域的日子，仍是令人神往：

西方好风土，大率无蚕桑。

家家植木棉，是为垄种羊。

年年旱作魃，未识舞鹧鹕。

决水溉田圃，无岁无丰穰。

远近无饥人，四野栖余粮。

是以农民家，处处皆池塘。

飞泉绕曲水，亦可斟流觞。

早春而晚秋，河中类余杭。

濯足或濯缨，肥水如沧浪。

杂花间侧柏，园林如绣妆。

烂醉葡萄酒，渴饮石榴浆。

随分有弦管，巷陌杂优倡。

佳人多碧鬌，皎皎白衣裳。

市井安丘坟，畎亩连城隍。

货钱无孔郭，卖饭称斤量。

甘瓜如马首，大者狐可藏。

采杏兼食核，食瓜悉去瓤。

西瓜大如鼎，半枚已满筐。

芭榄贱如枣，可爱白沙糖。

人生为口腹，何必思吾乡。

一住十余年，物我皆相忘。

——《赠高善长一百韵》（节选）

这是 13 世纪 20 年代西域河中地区的真实描绘。河中指的就是撒麻耳干。西辽起初建都于虎司窝鲁朵，后又以撒马耳干为都城，建立东、西二都。这座城的北面临近泽拉夫善河，所以西辽将它称为"河中府"。撒麻耳干就是现在的乌兹别克斯坦的撒马尔罕，古代的汉文典籍译作邪米思干、寻思干、薛米思坚、飒秣建等。干（kand 或 cant），在波斯文中是城的意思，邪米思、寻思、薛米思都是 Semis 的对音，源出突厥语，是肥沃的意思。所以，撒麻耳干就是肥城。以肥城为中心，包括一系列的城市和乡村，构成了富庶的河中地区。

诗中明确指出棉花就是"垄种羊"，解开了数百年来的疑团。虽然东汉时，我国南方就已有种植棉花的记载，但直到 13 世纪初叶，内地种植棉花仍很少，人们对棉花的知识了解得也很贫乏。唐朝人张守节在给司马迁的《史记·大宛列传》作的注释中引用宋膺《异物志》解释"地生羊"这种奇妙的现象说：西域有羊羔不是从母羊的肚子里孕育出来的，而是自然从土里生长出来的。它的脐带与土地相连，如果割断了，它就会死亡。这种说法在我国流传了好几百年，甚至在耶律楚材以后出使西域的人还沿袭这种错误的说法。

楚材在《西游录》中还提到，用木棉织成的棉布称为"屈眴"，是当地人最为常用的布料。而且以白色为多，因为当地人认为白色是吉利的颜色，而青色则是丧服的颜色。

河中地区土壤肥沃，物产丰富，但夏秋季节苦旱无雨，是河流给当地农民带来了丰穰之水。农民根据这种自然条件，充分发展了灌溉农业。河中环城数十里都是园林，家家都有，而且颇具情趣：飞渠走泉，方池圆沼，柏柳相接，桃李连延。甘瓜大如马首，长可藏住一只狐狸。将晚秋时节收获的马首瓜贮藏起来，可以吃到腊月间。其他瓜果也可在收获时多贮存一些，一直可享用到来年的春末。八普城的西瓜尤其大，大的可达五十斤，一头毛驴仅能负载二枚。由于夏秋少雨，西瓜的糖分较高，味道就特别甘凉。

当地还盛产葡萄和芭榄，楚材在诗中经常吟唱。如"花开芭榄芙渠淡，酒泛葡萄琥珀浓"；"芭榄碧枝初着子，葡萄绿架已缠龙"；"黯紫葡萄垂马乳，轻黄芭榄灿牛酥"；"亲尝芭榄宁论价，白酿葡萄不纳官"……可见楚材对这两种果子是如何沉醉了。葡萄是人所共知的，历史上曾有张骞通西域引种葡萄的佳话。芭榄是什么呢？据研究，芭榄就是巴旦杏，原产地是伊朗，后来向西传入欧洲，向东传到中亚、印度和中国。中国人知道它，最早可以推到唐代。唐朝人段成式《酉阳杂俎》中所记的"婆淡树"，正是这种植物。宋代也有人栽种。朱弁《曲洧旧闻》中说当时近畿人有种植芭榄的，后来御圃中也栽有这种植物。芭榄树似樱桃，枝小而极低。芭榄子如杏核，色白扁而长。《长春真人西游记》中说，正月间，芭榄就开花，像小桃，到秋天时结实，果实的味道像胡桃。然而，李志常的观察比耶律楚材还是要差一等。楚材说："芭榄花如杏而微淡，叶如桃而差小。每冬季而华，夏盛而实，状类匾桃，肉不堪食，唯取其核。"可见芭榄用来食用的部分主要是它的核（仁）。楚材又有诗句说："葡萄架底葡萄酒，芭榄花前芭榄仁。"锡尔河右岸还有一座城市名叫芭榄，就是因为这座城市的周边满布芭榄园而得名。

葡萄和芭榄给身处异乡的耶律楚材带来了说不尽的快乐。他吟诗道：

葡萄酒熟红珠滴，芭榄花开紫雪香。

异城丝簧无律吕，胡姬声调自宫商。

人生行乐无如此，何必咨嗟忆故乡。

楚材还与家人一起亲自动手，用葡萄酿造美酒。他想起司马相如未发迹时，卓文君跟他私奔，夫妻俩造酒沽卖的故事，感慨"古昔英雄初未遇，生涯或亦隐屠沽"。

楚材到西域时是带着家眷的。次子耶律铸生于 1221 年，这年楚材 32 岁，离开燕京已有四载，十月怀胎是人所周知的常识，所以，耶律铸的出生地绝不可能是燕京。铸的生母是著名文学家苏东坡的四世孙金威州刺史苏公弼的女儿。楚材何时何地与苏氏结的婚，我们现在已不知其详，但有一点可以肯定，就是他离开燕京赴漠北进觐成吉思汗时，并没有携带他的第一位妻子梁氏，陪伴他到西域的是苏氏。楚材在西域写过许多思亲的诗，但其中从未提到过梁氏和长子耶律铉，这大概就是一种"物我皆相忘"的态度。

人的潜能是无限的，只不过由于诸多因素的影响，人们发掘自己潜能的程度千差万别。然而，正是潜能的深度发掘才光显了人生的伟大。楚材是个多才多能的人，他善吟诗、会操琴，学识渊博，兴趣广泛。多才多能为他开辟了广阔的人生空间。

有人说美是客观的，有人说美是主观的。不管怎么说，美的存在，无论如何也不能没有人的参与。正是在楚材的诗句中，我们发现了河中的美丽，"半笑梨花琼面嫩，轻颦杨柳翠眉新"，"圆沼印空明镜莹，芳莎藉地翠茵新"。这是河中的自然风光美。

在楚材的诗句中，我们还可以看到西域许多有趣的民情风俗。当地人民善于利用自然力："冲风磨旧麦，悬碓杵新粳。"这大概是利用风力来磨麦春米。还有用"苇笔"在"麻笺"写字作诗，作货币用的金铜牙钱没有孔郭。西域的饮食生活更有意思，土床设馔，石鼎烹茶，洋溢着淳朴自然的情趣。家常饮食多是茶和饼。煮饼时，一定要放入豌豆同煮。有时也吃米饭，是论斤两从市场上购买的。西域宴饮，风味更为独特。若是客人不善饮，主人就为他准备这样的宴席："细切黄橙调蜜煎，重罗白饼糁糖霜。几盘绿橘分金缕，一碗清茶点玉香。"遇到善饮的客人，则为他准备这样的佳肴："春韭旋浇浓鹿尾，腊糟微浸软驼蹄。丝丝鱼脍明如玉，屑屑鸡生烂似泥。"楚材享用了这样的宴饮后，感慨说："白面书生知此味，从今更不嗜黄齑。"宴饮时，还有"素袖佳人学汉舞，碧鬟官妓拨胡琴"，此情此景，令客人真是乐不思归了。

二、寄情天文诗歌间

楚材作诗，反对刻意雕琢，主张自然随意，"叩弦声自无中出，得句思从天外还"。他的诗写得不坏，求实通俗，一气呵成，没有明清时文人诗中通篇用典的矫作恶习。"有客同联句"是他创作诗歌的基本方式。在酬和往来中，他结交了许多朋友。其中，最重要的一位就是窝阔台的医官郑景贤。郑景贤，号龙冈居士，然而名与乡里均不可考。郑景贤本来也是一位儒士，和楚材一样多才多艺，能谈《易》，善做文章，会写诗，学识丰富，"五车书笥独穷理，三峡词源迥出群"，是位饱学之士，而且节操高洁。他遭遇了与楚材相同的世道变迁，"廊庙虚名无意恋，林泉夙愿与心违"，于是便选择了"医隐"的道路。楚材初次见到郑景贤是在西域，深感相见恨晚。他们一见如故，"毡庐同抵足，谈道月西沉"。有了这么一位知心朋友，楚材郁郁不得志的心情好多了，"龙冈特慰孤穷闷，时有新诗报我云"。他觉得，这是他最好的一位朋友，有了郑景贤，"余子纷纷不足云"。景贤后来成了他终生的朋友，愈老而交谊愈笃。楚材后来能得到窝阔台的信任，发挥重大的作用，与郑景贤平日从中维持调护也是分不开的。

　　楚材之所以得到成吉思汗的征聘，本来是因为他擅长占卜，而古代占卜与天文历象又是不可分的。按照楚材的说法，在西域期间，他是在"清台"任职。汉代设有"清台"或"灵台"，掌管天文星象与历法，这一机构在后代又称为司天台。成吉思汗时尚未正式设立这样的机构，楚材说他"待罪清台"，指的是他负责执掌星象占卜和天文历算一类的工作。楚材的父亲耶律履曾经编制过《乙未历》，他继承家学传统，对历法也颇为留心。依据辽朝的《大明历》，庚辰年（1220）的五月望日（十五日）子夜应该发生月食。可是在撒麻耳干，这天夜里初更未尽，月食就已经发生了。按照历法，新月不可能出现在朔日（初一）的夜晚。然而，二月和五月的初一夜间，他却看见一弯新月悬挂于河中西南的天空。根据此类历法与天文不相符合的现象，楚材经推算，发现地上的距离与历法的制定有直接的关系。这样，他就明确提出了"里差"的概念。他根据"里差"的原理来改订历法，编制了一部新的历法《西征庚午元历》。他所说的"里差"，用今天的概念来说就是"经度"。所以，耶律楚材是我国天文学史上首次提出经度概念的人。正是在这个基础上，几十年后，苏天爵（1294—1352）发展楚材这个原理，形成了地方时的概念。

　　楚材是辽朝宗室的后裔，对于祖先的文化自然有仰慕之心。辽朝原有契丹文，楚材的父亲尚能掌握运用。但父亲早逝，楚材未能亲聆教诲，而契丹文的精通者在金国的范围内已找不到了，所以楚材起先并不会契丹文。然而，契丹文在西辽统治的地区仍在流传。西辽是辽朝的皇族翰林应奉耶律大石在金灭辽后建立的一个政权。西辽统有今天的天山南北路，楚河、锡尔河流域，鼎盛时，势力远及阿姆河。成吉思汗西征时，西辽已灭亡。楚材来到西域后，遇到了西辽的前郡王李世昌，他就向李郡王学习契丹文，一年后，颇有收获，甚至用汉语韵文译出了辽寺公大师的著名长诗《醉义歌》。《醉义歌》作为中华优秀传统文化的一份遗产，就是借助于楚材的出色译文才流传到今天的。

楚材音乐禀赋颇高，自幼喜欢弹琴，拜琴师弭大用为师。他曾得到一块3尺左右长的燕京故宫坚木，斫为琴，有清声，在西域河中寂寥无事时，便抚琴寻清欢。金廷有一位首席琴师，号栖岩老人，姓苗，名秀实，字彦实，造诣很深。楚材在金廷做官的时候，每得新谱，就向他请教，"商榷妙意，然后弹之"。朝廷王公大人邀请棱岩老人商讨琴事的极多，老人成天忙于应酬，楚材得不到机会与他"对指传声"，觉得是件十分遗憾的事。后来蒙古军围攻汴京，楚材奏请汗廷把这位琴师要出来。老人行至范阳（今河北涿州）去世，他的儿子苗兰将琴谱送给了楚材。琴谱一共40余曲，大都是大音乐家卫宗儒的作品。楚材按谱操琴，果然旋律绝妙，他十分珍惜这些琴谱，便抄录下来，刊印成书，并亲自作序述其由来，以广为流传。蒙古太宗六年（1234）冬天，楚材扈从窝阔台可汗皇帝围猎，得了足疾，便告了60天假。乘此闲暇，他按苗秀实所传的琴谱逐一练习，于是尽得栖岩老人的"妙旨"。

栖岩老人的"妙旨"是什么呢？楚材说：

须信希声是大音，猱多则乱吟多淫。

世人不识栖岩意，只爱时宜热闹琴。

——《爱栖岩弹琴声法二绝》其一

又说：

多著吟猱热客耳，强生取与媚俗情。

纯音简易谁能识，却道栖岩无木声。

——《爱栖岩弹琴声法二绝》其二

可见楚材是反对用音乐来媚世取热闹的。他主张弹琴要简易，音要纯，不要太多的装饰。他喜欢弹一些名曲，如《秋水》《秋思》《广陵散》《高山流水》《离骚》等。楚材弹琴，常在于消解胸中的郁闷，陶冶情操，"居士闲弹止息时，胸中郁结了无遗"。他觉得弹《秋水》能净化人的心灵，"三朝不弹此，心窍觉尘生"，而弹《高山流水》则能"壮意气"。"琴阮生涯聊自适"，当他感到功业未成，甚至诗书乏意的时候，依然有音乐抒发他不凡的抱负。

第六章　千年际会

一、初展抱负

当长春真人丘处机告别成吉思汗东归时，楚材正在塔拉思河畔管理屯田。次年（1224）夏天，成吉思汗在也儿的石河畔驻跸，楚材方将屯田事务移交当地官吏，起程东返。中元日（农历七月十五）是在阿里马城度过的，他在这里写了一篇《万松老人评唱天童觉和尚颂古从容庵录序》。阿里马城的北面就是阴山（天山）。农历的九月十五日过松关。到不刺城后，楚材没有沿原来西行的路线返回，而是折向东南，经轮台（今乌鲁木齐北米东区境）、别石把（今吉木萨尔），南下至和州（今吐鲁番城东南）。

楚材东返起程的时间比成吉思汗晚了一年，后来没有扈从可汗回土喇河畔，可能是因为成吉思汗已有讨伐西夏的计划，让他直接赶赴西夏境，而当时蒙古已派大将攻掠西夏边地。1223 年，夏献宗李德旺继立为西夏国主，改变其父臣服蒙古、与金国为敌的政策。次年，与金国议和，称"兄弟之国"。德旺见成吉思汗统兵西征长期未回，以为有机可乘，便遣使去联络漠北诸部，共抗蒙古。木华黎在 1223 年春末死后，他的儿子孛鲁奉命继续统军经略中原汉地。孛鲁到西域朝见成吉思汗，可汗就以西夏阴结外援，蓄异图，密诏孛鲁征讨。1224 年秋天，孛鲁统军攻克银州（今陕西榆林南），杀夏军数万，俘其主将塔海，掳获牲口马驼牛羊数十万。

楚材到和州，已是 1225 年的冬天。在这里，他写了《辨邪论序》。楚材东返时走得很慢，从阿里马到和州走了一年多，而丘处机从锡尔河畔走到燕京才花了一年时间。楚材之所以走这么慢，很明显是在等待蒙古军的行动。

1225 年春天，成吉思汗回到了土喇河畔的大本营。此后，他清点了军马，准备讨伐西夏。原来成吉思汗西征前，派使者到西夏，要求西夏出兵作右翼从征，西夏强硬派大臣阿沙敢不对使者说："力量尚且不足，何必做可汗？"使者回去禀告可汗，可汗说："姑且宽缓他们几天，待我胜利归来再做计较！"次年春天，成吉思汗以纳叛、不派质子、拒绝征发为由，亲率大军讨伐西夏。途中在阿儿不合围猎野马群，坐骑红沙马受惊，将可汗摔下马背，摔得他疼痛难忍。当天夜间，身体发烧。第二天早晨，也遂夫人召集可汗诸子和诸那颜们商量进退策略。阇儿必（书记）脱仑说："西夏人不能抬起城池逃走，我们可以暂时撤退。等可汗痊愈了，再来征伐。"其他人全都赞成，便奏禀可汗。成吉思汗说："如果这样半途撤退，夏人就会以为我们胆怯了。先派一个使臣前去探测夏国的意向，待情况明了后再决定进退。"蒙古使者来到西夏，质问夏主拒绝征发和说讥讽话诸事，并说蒙古军要前来折证。阿沙敢不说："讥讽话是我说的。你们蒙古人惯于厮杀，若想厮杀，我在贺兰山住撒帐毡房，有骆驼驮子。你们可以向贺兰山来找我，在那里厮杀！若想要金银缎匹财物，你们可以指向宁夏、西凉！"使臣把这话转告给成吉思汗。成吉思汗正在发烧，说：

"好！人家说这样的大话，怎么可以撤退！虽死也要去对证这句大话。长生的上天啊，由你做主吧！"蒙古军在贺兰山打败了西夏军，俘虏了阿沙敢不，又向西攻取沙州（今敦煌）、肃州（今酒泉）、甘州，诸州军民进行了英勇的抵抗。肃州城破，遭到残酷屠杀，幸免者仅106户。

楚材在被蒙古军蹂躏后的肃州城度过了端午节，并写了一篇《糠孽教民十无益论序》。此后，他就随蒙古军前进。秋天，蒙古军攻下西凉府搠罗、河罗等县，遂逾沙陀，至黄河曲，取应里等县。这时夏献宗李德旺忧惧而死，夏人立其侄南平王李睍。十一月，成吉思汗亲率大军进攻录州（朵儿篾该），李睍派嵬名令公统率10万军队赴援。蒙古军渡河迎击，夏军死伤无数，尸如山积。攻下灵州城后，蒙古军诸将领争相掠取妇女、人口和财物。耶律楚材在军中，却只注意收集书籍和药材。收集到的大黄装了两骆驼。后来蒙古兵患了流行病，只有用大黄才能医治好，楚材所收集的两驼大黄便派上了大用场，挽救了近万名士兵的生命。

随后，成吉思汗到盐州川驻冬，蒙古军在盐州一带肆行杀掠，居民有的打土洞、石洞避兵，得免于难者百无一二。成吉思汗以为经过此次打击，西夏已不再有力量抵抗，因此只留一部军队攻打西夏首都中兴府，并派他的养子西夏降将察罕入城招谕。他自己则于1227年正月率军南下，进入金国，攻陷临洮府和洮、河、西宁、德顺等州，另遣一军攻入宋境掳掠。四月，在六盘山驻夏。六月，继续向南进兵，至秦州清水县西江，发病。七月去世，寿66，享国22年。

成吉思汗死时，中兴府尚未攻下。他留下遗言：秘不发丧，以免被敌人获悉；待西夏国主和居民在指定时刻出城时，立即把他们全部消灭。当时蒙古兵包围中兴已半年，中兴军民坚壁拒守，但因城中食尽，兵民俱病，成吉思汗死后不久，李睍被迫投降[①]。蒙古诸将遵照成吉思汗的遗命，将他杀死。中兴居民也遭杀掠，因察罕力谏，方才停止了屠杀。西夏至此国亡。

成吉思汗去世时，在身边的诸子只有四子拖雷，于是自然就由拖雷监国，暂行可汗的权力。拖雷在中兴府处理好留守新征服地域的事务后，便公布了可汗的死讯[②]，率军护灵枢返回漠北。

楚材也随蒙古军护枢北还。对于成吉思汗去世后蒙古国的国策是否会有大的变化，楚材尚无把握，他的胸中仍是一腔不得志，他作诗说："行藏俯仰且随时，缊袍怀珠人未知。"可能是经不起楚材的无数次的陈说，拖雷答应接触汉文化，尝试采用中原王朝的一套统治办法来治理中原地区。所以，同年冬天，他便令楚材驰驿往燕京搜集汉文经籍。

楚材回到燕京，感慨万分，"回首亲朋半土丘"。世道的变化，人生的聚散悲欢，就如一场梦。从越过天山一直到燕京，一路上，他遇到了不少的旧友。旧友们问他，扈从可汗西征 10 年，可是建立了如同汉朝开国功臣萧何与曹参

---

① 关于李睍投降的时间，《元史·太祖纪》说在成吉思汗死以前；《蒙古秘史》则说在破灵州时。《史集》和《元史》卷 120《察罕传》则说在成吉思汗死以后。本文采用在成吉思汗死后一说。
② 关于成吉思汗死讯的公布，多桑（蒙古史）认为是在灵枢到达漠北以后的事，而沿途是绝对保密的。姚从吾通过比照对汉文史料，认为成吉思汗死后不久，蒙古军即予发丧。见札奇斯钦《蒙古秘史新译并注释》第 423—424 页注释，联经出版事业公司，1979 年版。

那样的功业？楚材的内心很是矛盾。对于西游的成就，他深为不满，"致泽君民本不难，言轻无用愧偷安。十年潦倒功何在，三径荒凉盟已寒"。功业未成，虚度了时光。然而，他希望大蒙古国主的更迭会给他带来一个致君泽民的机会，"犹望道行泽四海，敢辞沙漠久淹留"，"尚期晚节回天意，隐忍龙庭且强留"。他的期望很殷切，但是"射虎将军皆建节，龙飞天子未更元"。他的治国良方已准备好了，却仍未得到采纳，极是着急。于是，他便开始以自己的实际行动来影响新一代的蒙古最高统治者。

在燕京搜集经籍时，楚材了解到当地有一大害，就是盗贼横行。每日夜幕尚未完全合拢，盗贼便气焰嚣张地作起案来，他们驾着车马到富家索取财物，不给就行凶杀人。由于盗贼的背后有显贵撑腰，燕京行省对他们无可奈何。楚材觉得，治理国家就必须有秩序，要建立秩序，首先必须树立政府的权威。他回到漠北后，便将燕京的情况和自己的看法和拖雷讲了，并建议遣使与他一同前往燕京查办。拖雷接受了他的建议，派中使塔察儿与他一同前往燕京查办。楚材经过访查，列出一张盗贼的名单，发现他们都是燕京留后咸得卜的亲属和世家子弟。楚材不顾咸得卜等人的权势，将这些盗贼全部逮捕起来。他们的亲属纷纷向塔察儿行贿，企图逃避惩罚。楚材向塔察儿说明祸福利害关系，表示决不会宽贷这些破坏社会治安、危害人们生命财产的歹徒。塔察儿也害怕因为自己而坏了整个事情，便答应与楚材齐心协力惩治这帮歹徒。经过审讯，罪大恶极的16名首犯被判处死刑，燕京居民拍手称快，从此"巨盗屏迹"，燕京的社会治安很快好转。

处理完这批案件，已是 1229 年的春天。楚材在燕京受到士大夫的普遍欢迎和拥护，他们展开了在战火之后恢复儒学的工作。燕京是辽金时期北方的文化、政治中心，文人士大夫很集中，他们对楚材寄望很大，希望他能影响蒙古的最高统治集团采用儒术治理国家。同时，他们也展开了复兴儒家文化的具体工作。当时燕京的孔子庙和儒学都毁于战火，宣抚使王楫在金朝枢密院的旧址上重建，招收生徒，春秋举行释菜礼，并取旧歧阳石鼓排列在儒学的庑廊两边。《大明历》的二月八日，王楫率诸士大夫举行祭孔释菜礼。诸儒士庆贺说："吾道有光了！"同一天，佛教的信徒也奉迎释迦像行城，欢声沸腾。楚材既是儒士又是佛门居士，两个典礼都参加了，并作诗劝告"儒流释子无相讽，礼乐因缘尽假名"，要他们注重儒释的内在精神实质。

二、偶遇明时

春末，楚材返回漠北。一个千载难逢的机会正在等待他。

成吉思汗这位天骄在西征前就对自己的继承人问题作了安排。临出发的时候，也遂夫人提醒他，可汗打算逾峻岭，渡大河，长征绝城，平定诸国。而有生之物不能永存，假如可汗大树一样的身体倒下去，那像麻穰一般的百姓托付谁呢？成吉思汗也认识到人生不可能永存，总有一天会追随祖先而去，脱不过死亡的捆索。但是蒙古并没有像汉族王朝那样明确的嫡长子继承制度。在四个儿子中，他必须进行一番选择。他先问长子术赤（一作拙赤）有什么意见。但未等术赤发言，二子察合台抢着说，他不能受这个由蔑儿乞惕人那里带来的人的管辖。因为术赤的生母孛儿帖夫人曾被蔑儿乞惕人掳去过。话音刚落，术赤就揪住察合台的脖领争辩起来。他们俩的表现，使可汗极为失望。然后在大臣们的调解下，察合台认识到自己的过失，便表示愿意与术赤并行效力，推举为人敦厚的窝阔台。然后成吉思汗问三子窝阔台要说什么，窝阔台表示将尽自己所能，谨慎去做。只恐后世子孙不才，不能承继。四子拖雷表示他愿为汗父指名的兄长效力。这样，就确定汗位由窝阔台继承。

成吉思汗之所以挑选窝阔台为可汗的继承人，是因为他看到了三儿子的才能和品德比术赤和察合台略胜一筹。而窝阔台年龄长于拖雷，并且是同母兄弟。术赤和察合台有矛盾，不但表现在可汗位置的继承问题上，而且在行军作战中也往往发生龃龉。蒙古军西征中亚攻打花剌子模首都玉龙杰赤，就是因为术赤和察合台的矛盾，致使进展缓慢，后来成吉思汗令窝阔台统领攻城蒙古军，才得协调一致，迅速攻克这座城市。

成吉思汗后来又告诫诸子："如果我的儿子人人希望当可汗、做统治者，而不愿意从属他人，那岂不是就像严冬来临时，多头蛇的头都争着进洞，结果谁也进不去，都要冻死在洞外？如果你们希望舒适自在地了此一生，享有权力和财富，那么我的告诫有如我不久前已让你们知悉的那样，乃是由窝阔台继承我的汗位，因为他比你们高出一格。他的意志坚定卓越，他的才智过人。"

尽管成吉思汗决定由窝阔台做可汗的继承人，但由于这项决定与蒙古的分封制、幼子继承财产的习惯之间存在着不协调，所以窝阔台继承汗位仍费了一番周折。

大蒙古国的政治体制不是中央集权的，而是一种领主分封制，各个受封的宗王有很大的独立性。成吉思汗在确定汗位继承人的同时，也扩展了分封。察合台说他愿意与术赤为窝阔台并行效力，成吉思汗即表示："何必并行！大地辽阔，江河众多，叫你们分领封地，镇守各邦。"西征前，成吉思汗进行了第二次分封。术赤分得他所征服的"林中百姓"（贝加尔湖西北、叶尼塞河上游地区及阿尔泰山北部），察合台分得高昌回鹘国以西至伊犁河、楚河流域的民户，窝阔台分得阿尔泰山至叶密立（今新疆额敏县）的民户。西征凯旋时，在第二次分封的基础上，成吉思汗对诸子的封地进行了一些调整，主要是扩大了二子察合台的领地。拖雷是幼子，他承袭他父亲所保有的蒙古高原本土和中原新征服地的土地与人民。

这种分封制和承袭方法，是根据蒙古的习惯而确定的。依照习惯，家长要将什物畜群分授给成年的诸子，使他们能够离开父居而自立。父居所剩余的财产，则一概留给嫡妻所生的幼子。所以，成吉思汗临终时将他的诸斡耳朵、贵重的衣物、自乘的马匹、大部分的军队，也就是说，他所统治的诸部落，全部托付给拖雷。

拖雷率军护成吉思汗灵柩返回漠北，召集诸宗王、那颜会葬，将可汗葬于斡难、克鲁伦、土喇三水发源的不儿罕、合勒敦诸山的一山中。事毕，诸宗王、那颜返回各自的领地和驻地。到1229年的春天，蒙古最高统治集团考虑到元首缺位时间太久，可能会发生变化，相约召集各宗王、那颜、大臣举行大聚会，推戴新君。

秋天，各宗王，那颜、大臣会聚于克鲁伦曲雕阿兰地方举行忽里勒台。术赤在成吉思汗从西域回师时就已故去，这次参加聚会的是他的诸子斡儿答、拔都、昔班、唐古解、别儿哥、别儿格察儿、脱哈帖木儿等，他们来自里海的北方之地。察合台率其诸子诸孙自伊犁河流域来聚会。窝阔台自叶密立河畔来聚会。皇叔斡赤斤自东方金国邻近之地来聚会。

大会的头三天，大设宴飨。参加聚会的人很多，讨论选立新君的事情，大多"归心拖雷"。拖雷当时在实力上占有明显的优势。成吉思汗留下的军队共有12.9万人，其中10.1万由拖雷继承，其余2.8万分给了成吉思汗的母亲、3个弟弟和4个儿子（包括五子阔列坚），最多的得5000，最少的只得1000人。窝阔台得4000人。拖雷继承的10.1万人是成吉思汗的亲信部队，其军官都是在成吉思汗麾下出生入死、共创大蒙古国基业的宿将老臣。这些人当然不会心甘情愿让自己的总帅交出大权，俯首听命于只有4000名兵士的窝阔台。在这次大聚会中，大胡子耶律楚材十分活跃，他劝请拖雷执行成吉思汗的遗命，推举窝阔台继承大位，免起争端。拖雷接受他的建议，公开宣读了成吉思汗的遗命，说应奉成吉思汗所指定的人为大汗。窝阔台知道自己的势力弱，必须得到掌握实权的宗王和将领的拥护才能真正继位，所以他作出了推让的姿态。他说："按照蒙古体例，幼子继承父亲，主其家帐。大那颜，是父汗的幼子，日夜扈从，亲聆教诲，熟稔札撒，应该继立为大汗。"于是，事情就拖了下来。

耶律楚材紧张进行游说。他终于将察合台和皇叔斡赤斤拉到了窝阔台的一边。成吉思汗的大将速不台在其中也起了很大的作用。

宴乐了四十天，继承问题仍悬而未决。到第四十一天，楚材劝拖雷早定大计。人事关系打通了，楚材就和占星家、萨满选定了一个黄道吉日，窝阔台应于这一天，在长生天的护佑下登上可汗的宝座。拖雷说："事情尚未准备停当，另选一个日子好不好？"楚材说："这天是个大吉大利的日子，错过了长生天就会发怒。"拖雷方才同意他拟定窝阔台的即位仪制。楚材按照中原王朝的传统，为窝阔台的即位制定了尊崇的礼仪。这个礼仪的精神就是突出君主至高无上的地位。不管宗王的行辈比大汗高多少，但都是可汗的臣下，而在礼仪上就要表现他们的谦卑和可汗的尊崇。具体的仪式就是皇族尊长对可汗行跪拜礼。蒙古本无尊属对可汗行跪拜礼的习惯，楚材劝察合台带个头。他对察合台说："亲王您虽然是兄长，但论地位是臣下，按礼制应该向可汗跪拜。您拜了，就谁也不敢不拜。"察合台是窝阔台的支持者，对楚材的建议深表赞同。

到大聚会的第四十一天，可汗继承人问题终于确定下来，窝阔台的即位典礼隆重举行。首先是诸宗王表示拥戴，窝阔台先是辞让，后来执拗不过，只好勉从。诸宗王宣誓说："只须汝后人尚存一胬肉，投之草中而牛不食，置之脂肉而狗不取，我等誓不以他系之王位于金座之上。"然后，由察合台和皇叔斡赤斤引导窝阔台就座于宫帐内大汗之位，拖雷进奉酒盏，同时帐内外诸人皆免冠，解带置于肩上。然后由窝阔台领班，诸宗王、大臣向窝阔台九拜祝贺，尊称他为"可汗皇帝"。可汗皇帝率领臣下出帐对日三拜，宫帐附近的臣民皆随之而拜。诸宗王、那颜拜毕入帐，设宴庆祝大礼圆满成功。察合台夸奖楚材礼仪制定得好。蒙古国尊属对可汗行拜礼的仪节，就是从这个时候开始的。

当时，有不少应该参加即位典礼的人迟到了，按照蒙古的习惯，当处以死刑，楚材奏请窝阔台，在吉利的日子里，弘扬君恩，宽宥了他们。

楚材后来在诗作中提到为窝阔台制定即位仪礼这件事："大乐陈金石，朝仪具冕裳。降升分上下，进退有低昂。"楚材在窝阔台继位事情中发挥了重要作用，深得窝阔台的信任，他感到大好时机来到，"自愧才术草芥微，偶然千载遇明时"。他作诗表达当时的心境说：

惟命一统皇家义，何暇重思晁氏危。

仁义且图扶孔孟，纵横安肯效秦仪。

行看尧舜泽天下，万国咸宁庶绩熙。

诗中所说的"晁氏"是指西汉时人晁错（前200—前154）。晁错在汉景帝时官至御史大夫，建议削除地方诸侯王的割据势力，维护中央集权。景帝三年（前154）正月，吴楚七国借口诛晁错起兵反叛汉廷，景帝不敢坚持削藩政策，杀晁错。楚材引用这个典故，是要表白自己维护蒙古汗权，支持大一统，反对各宗王割据一方的坚定政治态度，为此，他甘冒个人生命的危险。诗中所说的"秦、仪"是指战国时期的纵横家苏秦（？—前317）和张仪（？—前309）。在战国七雄争霸而秦国势力坐大时，苏秦游说六国，使六国诸侯听说张仪不为武王所信任，又都合纵以抗秦。张仪离秦去魏，为魏相一年而卒。合纵连横的政策并没有使六国避免被秦国兼并的命运。楚材在诗中引用这个故事，是要表明自己反对用纵横捭阖的外交手段作为治国的根本政策，他主张采用儒家的仁义从根本和长远着眼，培养太平盛世的坚实基础。

当窝阔台继立为可汗时，蒙古国已经发展成为一个地域广袤、民族众多、社会形态多样的大国。蒙古国建国时的社会政治制度，基本上是蒙古社会自身历史条件和社会矛盾运动的产物。成吉思汗热衷于不断地征服，虽然他已派木华黎去经略汉地，但总的来看，他尚未来得及仔细考虑按照被征服地区的文明水平来进行统治。现在，这个问题就要求他的继承者窝阔台加以解决。相传成吉思汗曾对窝阔台说过："长胡子是上天赐给我们的，你以后要把治国的大事委托给他。"治理汉地，窝阔台确实需要楚材这样精通中国传统文化的人才，而楚材也因此得以施展自己的抱负。

第七章

治理中原

一、取之有制

窝阔台即位的当年，初步确立了蒙古、河北汉地、西域的赋调征收制度。其中河北汉地的赋调征收工作由耶律楚材来主持。这样，楚材便开始了辅佐窝阔台治理汉地、促使蒙古游牧文明适应汉地高度发展的农业文明的事业。

当时，黄河以北刚平定不久，老百姓尚不习惯于蒙古的法律制度，很多人因不经意的疏忽就触犯了禁令，成为囚徒，蒙古的法律制度中又没有赦免这些犯罪的条文。楚材建议对这种因不经意的疏忽而犯下的罪行一概予以赦免，大家听了都说他是个迂夫子。但是楚材仍然从容不迫地向窝阔台陈述肆赦的理由，终于使窝阔台接受了他的建议，下诏宣布：庚寅年（1230）元旦以前所犯的罪行，一概予以赦免。

接着，楚材又向可汗皇帝条陈十八件事。概括地说，这十八事的主要内容有：将地方政府的民政权和军政权分立，设立民事官来治理人民，设立万户来统率管理军队，使两者互相制约，以遏制军阀的产生，避免形成对中央政府（汗廷）的离心力量；中原汉地是财用的渊薮，应当使这里的百姓休养生息，州县官吏必须奉可汗皇帝之命才可以征发科差，擅行科差的官员，问以罪责；官吏不得借用或出借官有财产以事买卖赢利，违者治罪；蒙古人、回鹘人、河西人种地不纳税的，处以死刑；监主自盗官物者，处死；对死罪犯的处决，必须将案情原委申奏汗廷，得到允准以后方能行刑；贡献礼物，为害非轻，务必加以禁止。

这些建议，窝阔台都一一听从了，只有禁止"贡献"一事不准。可汗皇帝说："要是自愿贡献，就由他去。"楚材说："这样的话，贡献必将开启蠹害之端，败坏政风。"可汗皇帝说："你所奏请的事情，我没有不听从的，你就不能听从我一件事吗？"

原来蒙古统治者对占领的地区并无一套行之有效的课税制度。他们进入中原的初期，以直接抢掠作为搜刮财物的主要手段。成吉思汗每攻陷一城，都放纵将卒掳掠子女玉帛。抢掠也有规则：功大的先抢，功小的后抢；先抢的进门后，插一支箭在门口，后来者就不能进去了。任何人抢掠所得，不论多少，都要留一份献给可汗。将帅、大臣而下平时没有俸禄，只是将战争的掳获物按自上而下的等级分配，没有参战的大臣也能得到一份，叫做"俵分"。但是这种抢掠的办法毕竟不是长久之计，对于已征服的地区，若继续进行抢掠，则社会无法安定，人民无法从事生产，所以有见识的大臣便提出对被征服地的人民要加以抚恤，抢掠的办法便遭到禁止。于是，抢掠就变为任意的索要。除不时下令要索贡献外，他们每到一地都要强逼当地送"人事"，称为"撒花"（波斯文 Saughat 的译音，意为礼物）。这实际上是一种变相的抢掠。而且任何人经过都要索取一次"撒花"，人民无法负担这种无止境的索要。同时，"撒花"所得都入了官员、将领们的私人腰包，他们只是将其中很小的一部分拿出来贡献给可汗。可汗既然收取了臣下的贡献，当然就要允许他们对地方任意搜刮。所以，楚材提出禁止贡献。但从窝阔台的方面讲，由于没有行之有效的课税制度，汗廷相当部分收入来自臣下的贡献，所以对楚材禁止贡献的意见当然就不能同意。

另一方面，蒙古所征服和招降的地区，多交给归降的军阀、官僚去统治，军民钱谷都由他们自行处置，蒙古统治者只要求他们履行贡献和率兵从征、赠给军需的义务，并没有定额的赋税。各地长官可以任意向管内人民征敛，上缴的部分却很少，造成"官吏多聚敛自私，资至巨万，而官无储偫"的状况。

蒙古太宗二年（1230）七月，窝阔台亲自率军南征金国，楚材扈从。蒙古军克取天成等堡，于是渡过黄河攻凤翔。蒙古军占领了大片的汉地，却不知如何对从事农耕的人民实行稳定的剥削。于是有的人就想把漠北的游牧生产方式简单地搬到中原来。

有个叫做别迭的近侍大臣对窝阔台说："虽然得到了汉人，但也没有什么用处，不如将他们全部弄走，使农田长满茂草，作为放牧的场所。"

楚材对这种看法甚不以为然，说："陛下将南伐征服全国，需要解决大量军需物资的供应。若均定中原的地税、商税、盐、酒、铁冶、山泽之利，每年可以获得银 50 万两、帛 8 万匹、粟 40 余万石。这些财物足以供给军需，怎么能说汉人没有什么用处呢？"

楚材所说的赋税数目很大，比别迭的方案更具有诱惑力，窝阔台于是接受了楚材的建议，让他主持实施征收赋税。楚材于是奏准设立了 10 路征收课税使，来实现这一计划。10 路的正、副课税使，他全部选用儒士来担任。具体情况，见下表：

路名	征收课税使
燕京	陈时可、赵昉
宣德	刘中、刘桓
西京（治所在今山西大同）	周立和、王贞
太原	吕振、刘子振
平阳	杨简、高廷英
真定	王晋、贾从
东平	张瑜、王锐
北京（今内蒙古宁城县）	王德亨、侯显
平州（治所在今河北卢龙县）	夹谷永、程泰
济南	田木西、李天翼

其中陈时可、赵昉等人，都是宽厚长者，极天下之选。参佐官大都是楚材在金尚书省时结交的旧僚，彼此有长期的密切交往，互知根底，较为可靠。

蒙古太宗二年（1230）税法的具体实施情况，已不能详考。但我们知道，当时初行税法时的民户数约有 70 万，则平均每户负担银 0.714 两，帛 0.114 匹，粟 0.571 石。当然，实际征收时，并不是均摊的。因为土地肥瘠、地方贫富有差别，均摊并不一定合理。实际的征收情况大概是按各州、府户数的一定比例将预算总额分配到各地，然后由当地官员根据具体情况摊派。尽管各地的情况有差别，但这种定额赋税比起无休止的索要是轻得多了，因而得到了普通官吏和人民的欢迎。

二、中书令

第二年，蒙古太宗三年（1231）春天，汗廷又颁布劝农诏书，让中原各地农村人民安于农业生产。当时窝阔台已攻下凤翔、洛阳、河中等城。秋天，可汗皇帝来到云中（今山西大同）。楚材让 10 路课税使进献税簿和金帛。税簿和金帛都摆放在廷中展示，窝阔台看了，很满意。

窝阔台笑着对楚材说："你一直在我身边，从未离开过，却能使国用如此充足。南国的官员中还有像你这样的人才吗？"

楚材说："南国的贤臣都比我强。臣不才，只是因为留燕京才被陛下擢用。"

窝阔台称赞楚材的谦逊，向他赐酒。就在同一天，可汗皇帝拜他为中书令，授中书省印，同时以粘合重山为左丞相、镇海为右丞相。窝阔台规定：事情不论大小，都要先禀告中书省。

当时制度初行，有些官员不遵守。宣德路长官太傅秃花失陷官粮万余石，恃自己是勋旧大臣，密奏可汗皇帝，请求免予处罚。窝阔台问秃花，中书省是否知道此事，秃花回答不知道。窝阔台听了颇为气愤，手取鸣镝，拉满弓，欲将秃花射杀，但他似乎感到这样不能解决问题，于是又松开了弦。但愤怒之气犹未平息，他再次拉紧弦，最后理智告诉了他处理的办法。窝阔台将秃花大骂了一顿，令他将事情原委呈告中书省，并且赔偿失陷的官粮；同时敕谕臣下，再次声明：今后凡有事奏报朝廷，必须先呈告中书省。这样，中书省就成为全国的最高行政机关。

不过，楚材名义上虽然是中书令，实际上只是第二位的宰相，也就是次相。中书令，左右丞相的名称是借自于中原王朝的职官名称。在中书令之上，还有一位蒙古官员也可·札鲁忽赤，也就是大断事官，他是最高行政官，即首相。成吉思汗时担任大断事官的是失吉忽秃忽，窝阔台时代是按只觯（额勒只吉歹）。楚材所任中书令，大约相当于蒙古官名也可·必阇赤，位在大断事官之下。他具体主管行于汉人、契丹人、女真之地的汉字文书，文书后面的年月日之前，要由左丞相镇海（1169—1252）亲写畏兀字蒙文，内容是"付与某人"，当是给蒙古达鲁花赤验看的指示。镇海签批后，楚材下发的汉字文书才能有效。这是一种权力的制约机制，以镇海来检核楚材。楚材的权力虽然比不上后来的中书令，但仍是很大的。他掌握着宣发号令、朝觐贡献和敷奏的权力，中原各地长官奏事都要先通过他；同时，他又以中央大臣的身份主持中原财赋（最重要的民政事务），"总裁都邑"。东平行台严实先前派人到汗庭奏事，都是托近侍转奏，不经由中书，楚材很不高兴，后来宋子贞劝严实"致礼丞相（楚材），通殷勤，凡奏请，必先咨禀"，才搞好了关系。所以楚材虽然不是首相，但仍是一位最为重要的次相。

左丞相粘合重山与楚材同理汉事。粘合重山是金朝贵族，成吉思汗时委质为臣。治理汉地的各项措施多由楚材主张，而重山佐成之。镇海是回族人①，通回族文和汉文。他除了在楚材主行的汉字文书后签批外，主管行于回族地面的文书。因为窝阔台不识汉字与回文，所以楚材与镇海在凡是要用文书办理的事务中，可以贯彻自己的意见，握有很大的权力。不过，行军用兵等大事，蒙古的可汗是不会交给异族大臣去办的。这类事情，可汗一般是独断专行，需要商量时，往往只与他的亲骨肉、蒙古大臣共谋，因为蒙古人毕竟是"自家骨肉"。

得到窝阔台的重用，楚材极为振奋，他要把基于儒家治国之道的计划尽力付诸实施。

楚材出任中书令后的第一个举措就是削弱地方权贵势力，加强中央集权。

自从蒙古太祖九年（1214）金宣宗南迁后，黄河以北的州县官吏多委印逃走，金朝的统治机构陷于瘫痪。各地土豪乘机以保乡里为号召，招兵结寨，各据一方，形成许多大大小小的地主武装势力。他们的目的在于保护自己的已有资产和地位，或乘战乱之机图谋富贵，对蒙古、金战争的态度，多数是看哪一方更强大、对自己更有利，就投靠哪一方。由于战争形势复杂多变，他们中有的降蒙古，有的附金，有的则徘徊观望，没有定属。

蒙古统治者要征服广土众民的金朝，特别是要在中原地区建立长久的统治，就不能不依靠中原地主阶级的力量。成吉思汗攻金时，就很注意收罗对自己有用的统治人才，并采纳归降的契丹人、汉人的意见，稍改滥杀的做法，而

① 见王国维《黑鞑事略笺证》。

采用招降的政策。木华黎受命专征、经略汉地后，更注重争取契丹贵族和汉人地主武装势力，利用他们去争城略地和巩固所得地盘。实行的办法大体是：一、凡纳土归降者，即任命为当地长官，仿照金朝的官制授予官职，如行省、领省、都元帅、副元帅以至州尹县令之类。后来有的还按其势力和所立战功，授予万户、千户、百户等蒙古官职。同时按照漠北的制度，凡是任命官职，都允许世袭。二、设置蒙古人充当的达鲁花赤，对他们进行监督；要求他们送子弟亲属作为人质，出兵从征和交纳贡赋。

在蒙古统治者的扶植和监督下，这批人成为专制一方的封建势力。例如，契丹将领石抹明安攻占燕京有功，被任命为燕京行省长官，蒙古太祖十一年（1216）病逝后，他的儿子石抹咸得卜袭职，长期把持燕京一带的军政大权。汉人世侯们的势力更大。成吉思汗去世时，河北、山东、山西各地大大小小的汉人世侯有四十几个。小的世侯据有一州一县，大的世侯"跨州连郡"，控制好几个州。当时著名的世侯，如西京的刘黑马、真定的史天泽、顺天的张柔、东平的严实、济南的张荣、益都的李璮等人，都占地二三千里，握有重兵数万，俨若春秋时各有封邑的诸侯，或唐代专擅兵民财赋的藩镇。所以当时人就把他们称为"世侯"。

契丹权贵和汉人世侯是金末中央集权被破坏后出现的封建割据局面与蒙古世袭制度相结合的产物。在残酷的战争和社会秩序极度混乱的年代，他们专制一方的统治，起了一种稳定的作用，从锋镝下保护了一部分社会生产力，使社会生产得以继续进行。同时，他们的献纳，构成蒙古国重要的财政来源，他们的军队后来为蒙古灭金亡宋立下了汗马功劳。

然而，他们独霸一方的状态，从根本上说，是不利于蒙古统治的巩固的。权贵和世侯们的官职是世袭的，甚至一门数人都担任要职。他们在管辖的范围内，集军、民、财权于一身，既是军事长官，又是行政长官。他们可以自辟衙署，任命属官；自定赋税，进行征收。他们的话就是法律，以致可以"自专生杀"。汉人世侯都拥有一批亦兵亦农的依附人口，这些依附人口负担沉重的赋税和劳役，不能随意迁徙，身份地位很低。汉人世侯往往还占有大量驱奴，多至数百上千。在他们身上，表现了蒙古早期分封制与中原封建生产关系的一种特殊结合。每个世侯都形成一个割据性很强的地方势力。

在太宗二年（1230）提出的条陈十八事中，楚材就已提出过将地方军、民、财三权分立的建议。他受命为中书令后，重申了这一建议，强调："凡州郡宜令长吏专理民事，万户总军政，课税所掌钱谷，各不相统摄。"经窝阔台的允准，这条建议也成了确定下来的制度。这一制度如果得到实施，各地权贵的势力自然要受到很大的削弱和钳制。

原来权贵们各霸一方，独掌军、民、财权，现在要把这三权都分开，无疑触动了他们的命根子，他们气愤极了，决心除掉耶律楚材。4年前，楚材在燕京"穷治剧贼"，"剧贼"们的大后台就是契丹权贵燕京留后石抹咸得卜。"剧贼"被法办后，咸得卜对楚材颇为怨恨。现在，咸得卜又大肆活动，图谋搞掉楚材。他感到自己的名声不好，权位也不够高大，就激怒成吉思汗的弟弟斡辰大王铁木哥斡赤斤出面干预。斡辰大王派专使赴窝阔台的行宫奏陈："耶律楚材所用之人全是金朝的旧臣，而且他的两个兄长仍在汴京做官，恐怕他怀有异志，不宜重用。"这位专使还说了很多为汗廷所忌讳的话，诬陷是楚材说的，企图将他置于死地，而且事连诸执政。

当时镇海、粘合重山与楚材同事，很是害怕，抱怨说："何必勉强实行更张呢？弄到这般地步！"

楚材镇定自若，爽快地说："自从我们同事朝廷以来，一切事情都是我主张实行的，同诸公没有什么关系。朝廷果真怪罪下来，由我一人担当，必不牵累你们。"

窝阔台觉察到专使的陈奏诬告不实，将他赶出了朝廷。数月后，有人状告咸得卜不法事，窝阔台知道他与楚材的关系不好，特意让楚材去审讯他。楚材说："此人倨傲无礼，狎近群小，容易招谤。现在正有事于南方，待以后再法办他，也不为晚。"窝阔台听了，颇不高兴。不久却对侍臣说："长胡子真是一位君子，你们应当向他学习。"

汉人世侯对楚材的态度比较缓和，因为在"以儒治国"、推行汉法的某些基本方面，他们对楚材还是支持的。东平大世侯严实一度对楚材表示不满，后来听了幕僚儒士宋子贞的劝告，也向楚材致礼沟通情谊，改善了彼此间的关系。汉人世侯在财政上作出了让步，把征收赋税的权力基本上交给了楚材设置的课税所。然而，关于军、民分职，他们实际上用软抗的手段进行抵制，仍旧尽量把持既得的权力。

由于权贵们的抵制、反对和攻击，楚材削弱地方割据势力的计划不能顺利实施，基本上只能做到"课税所掌钱谷"，而军、民分职的方案，则不得不搁置下来。当时，窝阔台正在全力以赴攻灭金国，迫切需要契丹、女真权贵和汉人世侯的军队在前线奋力作战，为了安抚他们，也就延缓了地方上军、民分职的实施。一直到忽必烈继承汗位以后，这件加强中央集权的大事，才再一次被提上议事日程，并得以实现，那已是三十年以后的事了。尽管如此，从这里仍可以看出楚材作为一个政治家的远见卓识。

蒙古汗廷在成吉思汗时代对占领地区的户口并不编制户籍进行管理。占领地区的户口或奔走他乡，或被蒙古诸王、将校和汉族地主武装头目占为私奴。窝阔台即位后，采纳耶律楚材的建议设立十路课税所，对中原汉民实行"以户计出赋调"的征税办法，对户口的控制就具有了十分重要的财政意义。为了保证和增加国赋收入，汗廷迫切需要掌握中原汉地的民户数目，改变过去那种诸侯将校私役人户，赋敛不入公府的情况。于是，蒙古太宗五年（1233），窝阔台就派遣阿同葛等人充当宣差勘事官，检括中原民户，籍得73万多户。从严实所管东平路的括户情况看，这次籍户共得11.5万多户，只是严实归降时所献30万户的三分之一多些，可见这次括户很不彻底，诸侯将校私占人民为奴的状况并没有多少改变。

蒙古太宗六年（1234）正月，蒙古与南宋的军队联合攻破金国的蔡州，金哀宗完颜守绪纵火自焚死，金朝灭亡了。灭金以后，蒙古就完全占领了广大的中原地区。这时的户口的隶属有三种情况。一是河北、山东各地的地主武装头目控制了很多的户口。金宣宗南迁后，黄河以北的人民大批迁往河南避难，到河南受兵时，又四散流徙。当时河北、山东的地主武装头目多招集散亡，给他们提供安全保障，让他们从事生产，以扩大自己的势力，流民多归附。因此，这些地主武装头目控制的人户大为增长。二是侨居未入籍的民户。在攻取汴京之后，蒙古统治者下令迁徙金国遗民充实北边，将河南民户强制迁往河北。这些民户北迁后，侨居各地，未入户籍。三是当时诸王大臣将校掳掠了大量的私属驱口，攻河南时所掳掠者更是不可胜数，"往往寄留诸郡，几居天下之半"。

上述的户口隶属状况对于维护统一而强有力的蒙古国的统治是极为不利的，因此有必要重新编籍户口，将大量散居无籍或被私占为奴的民户掌握在可汗皇帝政府的手中。此时金朝已亡，蒙古对中原汉地的占领已经巩固，进行全面编籍户口的条件也具备了。在金亡的同一年，楚材及时向窝阔台提出了检括户口、编制户籍的建议。窝阔台立即接受了他的建议，下令再次括户，以失吉忽秃忽为中州大断事官，专门负责办理这一事务。

在讨论括户的方法时，朝臣们都主张依照蒙古和西域的成法，以丁为户，按丁定赋。楚材坚决反对。大家说，我们大蒙古国和西域各国没有不是以丁为户的，难道要丢弃大国之法，而去遵从亡国之政吗？楚材说："自古以来，据有中原的王朝，未尝以丁为户。如果非要这样做不可，人们在勉强输供一年的赋税后，接着就是逃亡离散了。"楚材坚持遵循中唐以来中原的传统，以户为户，按户定赋，终于得到窝阔台的允许。

这次括户组织严密，规则明确。窝阔台下令："不论达达（蒙古）、回回、契丹、女真、汉儿人等，如是军前掳到人口，在家住坐做驱口；因而在外住坐，于随处附籍，便系是皇帝民户，应当随处差发，主人见更不得识认。"又严令任何人不得隐瞒户口。隐瞒不据实申报者，处以死刑，籍其家。蒙古太宗七年（1235，乙未），分遣官员赴各路括户。各处民户，不论侨居土著，一律在现居住地入籍；僧、道、驿站等户分别登记，按规定免除差发；应属诸人的驱户，也通行建立户籍，附记在主户之后。在括户中，许多蒙古、汉官员、军阀慑于严令，不得不交出一部分擅占的私奴，编入民籍，使不少人因此摆脱了奴隶的身份。

蒙古太宗八年（1236）六月，编籍中原户口的工作全面完成，忽秃忽奏上所籍诸路民户数110多万户。因为括户是在上年进行的，所以称为"乙未户籍"。

按照蒙古的习惯法，所得中原汉地的百姓，属于"黄金家族"的共同财产，应在宗系中进行分配，各得一"份子"（忽必）；同时，对共同立国的功臣，也应拿出一部分进行赏赐（莎余儿合勒），使他们分享权益。金朝既亡，蒙古对中原汉地的占领告一段落，就必须进行统一的分配和赏赐了，这是乙未年籍户的重要目的之一。因此，忽秃忽上报汉民户数之后，窝阔台即下令实行分土分民。根据成吉思汗的规定，分配民户的事务仍由大断事官忽秃忽主持。分配的原则是根据成吉思汗时各人原封牧民户数的比例来决定各人应得中原封户的数目，但窝阔台可以按照自己的意志增加或减少。当年分拨给诸王、贵戚和功臣的中原诸州民户，总计达 76 万多户。这种户计称为位下或投下户，其余的则统属可汗皇帝的政府。分民以后，这两类户口就分别立籍。

这年的分土分民，本是根据成吉思汗与宗亲约定的取天下之后"各分地土，共享富贵"的原则，与以前在漠北等地推行的"忽必"和"莎余儿合勒"分封制度本质上是一样的。按照这种制度，受封者都可以各治其分邑，自征其分民，势必形成许多大大小小不相统属的领地。这与中原汉地已高度发展的封建经济及中央集权制度是不相适应的，同时也不利于可汗皇帝权力的加强和蒙古在中原统治的巩固。

同年七月，窝阔台议分土分民，楚材提醒说："像这样裂土分民，造成尾大不掉，容易产生嫌隙。不如多多赐予金帛，足以体现朝廷对宗亲大臣的恩典。"

窝阔台说："已经许诺给他们土地、人民，岂能轻易改变？"

楚材又建议说："那么设置官吏一定要由朝廷任命。除常额赋役外，不能让诸王、勋臣擅自征敛。这才是长久之计。"

窝阔台采纳了这个建议，便命令各投下只在分地设置达鲁花赤监临，而赋税则由朝廷任命官吏统一征收，然后按应得的数额颁给各投下。各投下非奉诏不得擅征兵赋。

在编制户籍和分土分民的基础上，楚材主持制定了中原的新税法。新税法规定：每二户出丝一斤，以供国用，每五户出丝一斤，以与所封之主；上田每亩纳税三升，中田二升半，下田二升，水田五升；商税征三十分之一；盐四十斤银一两。总的来说，这样的赋税定额是比较轻的，有利于当时屡遭兵火破坏的中原地区的休养生息。正如楚材所希望的，"轻徭常力足，薄赋不财伤"。当然，实际情况与楚材的设想有很大的距离。乙未籍户时，有的官员为了邀功多报户口，或"以浮客占籍"，到征税时，多有逃亡，官吏只好借贷完纳，然后转摊到其他民户头上。乙未籍户后不几年，因为灾荒或交不起赋税而逃亡的民户就达到三分之一，但赋税仍按旧籍征收，致使未逃民户的负担大大加重。后因楚材的奏请，才免去35万逃户的税额。可见，虽然有了税法，但执行时尚须根据实际情况予以变通，才能体现税法的精神。妨碍新税法轻赋精神得以贯彻的主要障碍是军马调发、使臣烦忧和官吏乞取。

在楚材制定的赋税制度中，特别值得注意的是五户丝制，蒙古语称之为"阿合探马儿"，有兄弟们享受利益的意思。蒙古的"忽必""莎余儿合勒"分封制度推行到中原汉地，演变成五户丝制，应该说是很大的进步。根据初行时的规定，投下户的租税应由政府设官征收，按定额颁给受封者；同时，窝阔台还明令各受封者除征取五户丝外，不得另有征敛。这都是限制蒙古贵族任意搜刮，稳定税源，保证国库收入，加强中央集权的措施。但是，蒙古贵族并不愿意他们的经济特权受到限制。在他们的传统观念中，总是顽固地把分地民户看作自己的私有财产，尽可能地加以横征暴敛。因此，五户丝制一开始就不能严格执行。

虽然楚材主持制定的新税法并未得到完全贯彻，但是，它的积极意义仍是不可否定的。新税法制定之初，朝臣都认为税额定得太低，楚材说："将来必定会有垄利的大臣得到进用，那么这样的税额也就不低了。"可见楚材对新税法在实行过程中可能会走样有充分的预见。所以他将税额定得较轻，轻上加重总比重上加重要更有利于广大的纳税者。楚材主持制定的新税法后来在元朝也得到承袭，构成元朝赋税制度的基本组成部分。

楚材在主持制定新税法的同时，对于蒙古国剥削人民的弊政，尽可能予以纠正、制止。

太宗八年（1236），窝阔台想在汉地拘刷牝马。楚材不同意，说："汉地有的只是茧丝、五谷，不是产马的地方。现在拘刷牝马，可以得到一些。但今天这么做了，以后引以为例，就只能成为一项困扰人民的弊政。"窝阔台听了觉得很在理，便打消了原来的想法。

同一年的正月，还有一件关于印行交钞的事。交钞是金代发行的纸币。前一年（1235），有位叫于元的人，上奏建议仿效金国的制度发行交钞。楚材主张纸币的发行要有节制，他对窝阔台说："金章宗时开始发行交钞，与铜钱通行使用。官方只顾以出钞为利，收钞为讳。行用下去，这种所谓'老钞'，万贯只能买得一饼，结果民力困竭，国用匮乏。我们应当以此作为鉴戒。现在印造交钞，最好不要超过一万锭。"窝阔台接受了他的建议。因此，太宗八年（1236）交钞的印量可能不大。

这一年，楚材还阻止了选美事情的实行。当时侍臣脱欢奏选室女充实可汗皇帝的后宫，窝阔台命中书省发诏实行，楚材不肯奉命。窝阔台发怒了，把楚材召去，问他为什么不奉命。楚材说："过去选到的美女二十八人还在燕京，送到后宫的话，足供宫内使用的了。现在脱欢传旨又要遍行选刷，这样恐怕会给百姓带来严重的骚扰。我正要向陛下复奏上述意见。"可汗皇帝听后怒气稍稍平息下来，想了好久，终于取消了原来的诏旨。

楚材还建立了工匠的考核制度。当时对工匠并没有严格的管理制度，工匠在制造各种器物时，严重浪费材料。若将制造一件器物的材料分成十份，则其中实际上只有一两份用于制造器物，八九份则被工匠私吞。针对这种情况，楚材主张核定每件器物的用料标准，据此对工匠进行考核。结果，考核标准制定后，就成为一项经常性的制度。

蒙古太宗九年（1237），楚材主持了对驿站使用的整顿。窝阔台在蒙古国境内建立了驿站制度，每隔六七十里设一个驿站。驿站所需的驿马、马夫以及驿使往来的招待都由站户来承担。一开始时，诸王、贵戚都可以私自起用驿马，因而一点儿也不顾惜站户所受劳役供索的沉重，驿使往来非常频繁。驿马倒毙了，他们强夺民马乘用。到了驿站，他们又要索百端，供馈稍缓，馆夫辄被棰挞，令人不堪忍受。无论是在城郭还是在道途，他们所到之处，往往引起骚动。楚材奏准将起用驿站设施的权力收归汗廷，诸王、贵戚使用驿站，须由汗廷颁给许可使用的牌札。通过牌札发放的管理来限制他们对驿站的滥用。同时，制定诸王、贵戚、官员在驿馆的饮食招待标准。这样，以前的弊端就被革除了。

经过楚材的努力，商贾货物失盗由民户包赔的弊政也被革除，斡脱钱对人民的盘剥也得到了限制。

蒙古国建国之初，社会秩序紊乱，盗贼充斥，商贾常常被盗。蒙古国是保护商贾的，规定凡是发生商贾被盗案件，地方政府必须在一年的时间内破案，捉拿到主犯。过了年限，失盗的货物就由当地民户包赔。这样，因失盗而需包赔的货物，前后积累起来，每每以万数计。人民包赔不起，不断发生逃亡。楚材建议：失盗不获的，以官银补偿；原来由民户包赔的，一概免予追究。

所谓斡脱钱，就是一种最恶劣的高利贷。蒙古统治者的身边，很早就聚集了不少西域商人，让他们帮助做买卖，搜刮财富。他们搜刮财富的手段之一就是放高利贷。原来蒙古贵族只会向人民索要财物，但都不会从事商业和金融的经营。从大汗到诸王、公主等，都将掠夺来的银子交给西域商人，让他们拿去放高利贷或做买卖，而取其利息。西域商人将银子贷放出去，每年要收一倍利息，如借贷者不能偿还，第二年连利息再加一倍。比如1两银子，利滚利地辗转十年，就变成了1024两。当时人称这种高利贷为斡脱钱，又称羊羔儿息。斡脱是突厥语"ortaq"的译音，意思是"同僚""伙伴"，那些经营草原与定居地区之间长途贩运贸易的西域商人，都组成商帮，结队而行，或自称"斡脱"。他们投靠蒙古人后，替蒙古大汗、诸王、后妃、公主等人经营商业或放债营利，蒙古人就称他们为斡脱。由于代蒙古贵族经商放债既可以凭借政治势力大获利益，往往又能享受免役等特权，所以许多西域商人投充斡脱，成为一种专门行当。所谓斡脱钱，就是由西域商人经手发放的官债（或诸王、贵戚的私债），因此又称为斡脱官钱。

斡脱与一般商人的不同之处就在于他们是奉旨经营，有强大的政治后盾，因而特别贪暴。人民交纳不起赋税，或一时缺乏，州县官吏缴不足税额，就向西域商人借银填补，到期不能偿还，就将息作本，越滚越大，人民以致破家散族，抵押妻儿。即使这样，依然还不清债。蒙古太宗十年（1238）至十一年（1239）间，真定路遭蝗旱之灾，于是借贷斡脱钱完纳贡赋，本利积银达1.3万余锭（65万多两）。太宗十二年（1240），诸路官民所欠斡脱钱达7.6万锭（380万两）银子，相当于当时蒙古国汉地全境3年半的课税。汉地官员纷纷吁请汗廷加以解决。楚材建议用官物代偿，并限制高利贷的利率。

楚材的两项建议都被窝阔台接受。太宗十二年（1240），汗廷下敕："州郡失盗不获者，以官物偿之。"7.6万锭的高利贷，以官物代偿。并命令"凡假贷岁久，惟子本相侔而止，著为令"。也就是说，不论借债的时间多长，利息只能生到债本的一倍，到了一倍，不能再增加。虽然限制高利贷的法令后来并没有得到严格执行，但楚材促成政府免除了人民几百万两的债务，却是给人民带来了确确实实的好处。

楚材出任中书令后，面对的主要工作是辅佐窝阔台治理中原。治理中原的主要工作又在于使蒙古国的统治与剥削方式适应中原的农业社会，其关键又在于限于蒙古贵族的剥削和掠夺，使这种剥削和掠夺走上取之有制的道路。为此，楚材进行了毕生的努力和斗争，虽然实际上未能达到他所期望的目标，但是，他对保护中原农业社会生产力的贡献仍是不可磨灭的。

第八章 保全生灵

一、竭力促共容

成吉思汗临死前曾留下这样的灭金方略："金精兵在潼关，南据连山，北限大河，难以遽破。若假道于宋，宋金世仇，必能许我，则下兵唐、邓，直捣大梁。金急，必征兵潼关。然以数万之众，千里赴援，人马疲敝，虽至弗能战，破之必矣。"

蒙古灭金的战争基本上是按照成吉思汗的方略进行的。

成吉思汗死后，在陕西的蒙古军继续向凤翔等地进攻。拖雷监国元年（1228），蒙古军 8000 人在大昌原（今甘肃宁县西），被金完颜陈和尚率领的四百骑击败。金朝与蒙古打了近 20 年仗，第一次得到这么辉煌的胜利，颇起了一些振奋作用。次年，窝阔台继承汗位，决定亲自出兵征讨金朝。

蒙古太宗二年（1230），窝阔台与拖雷率军渡漠而南，攻克天成等堡，进入山西，渡过黄河，与陕西蒙古军会合，攻取凤翔。金哀宗命行省完颜合达、移剌蒲阿从阌乡（今河南灵宝西）提兵出关救援。合达等兵至渭北，见蒙古军势盛，慌忙收兵入关。次年二月，蒙古军攻克凤翔，金弃京兆，迁民于河南，潼关以西尽为蒙古所据。

蒙古太宗三年（1231）夏，窝阔台避暑于官山九十九泉（今内蒙古卓资北灰腾梁），大会诸侯王，商议攻金的策略。当时，金以重兵把守潼关，不易攻取，猛将速不台在此连连受挫；黄河一线的守备也较严，武仙一军屯于北岸卫州，史天泽曾率军攻之，不克。蒙古军进展缓慢。窝阔台自统中军渡河，由洛阳进；斡赤斤率左军由济南进；拖雷总右军，由宝鸡南下，通过宋境，沿汉水达唐、邓，对汴京形成包抄之势，期于次年正月会师汴京。据说攻下凤翔时，金降人李昌国曾向拖雷献计："金主迁汴，所恃者黄河、潼关之险。若出宝鸡，入汉中，不一月可达唐、邓。金人听了，一定会以为我师是从天而降的。"拖雷十分赞成，就把这个计谋向窝阔台提出，并自领这最关键的一路。

这年十月，窝阔台率军围攻河中府城（今山西永济西），金兵拼死抵抗，打了两个月，才将城攻破。

拖雷出宝鸡，派搠不罕出使宋朝请借道，被宋边将所杀。于是拖雷提兵破大散关，攻入汉中，破凤州、西和（今甘肃西和）、沔州（今陕西略阳）、阶州（今甘肃武都）、兴元（今陕西汉中）；前锋还南渡嘉陵江，陷阆州（今四川阆中），大掠而回。蒙古军进而从金州（今陕西安康）东下，取房州、均州。

蒙古太宗四年（1232）春，窝阔台将率军渡河南下，下诏：逃难的人，来降的人，免死。有人提出异议说："这等人在形势危急的时候就投降，形势缓和了又逃走，不杀他们，徒然帮了敌人的忙，不可宽宥了他们。"楚材坚决不同意这种说法。他请准制作了数百面白旗子，颁发给降民，让他们执拿旗子为凭，回归故乡，这样使许多百姓免于屠戮。

正月，窝阔台军由白坡渡河南下，进屯郑州。金卫州节度使弃城逃到汴京，金朝黄河一线的防御瓦解了。同时，拖雷军渡过汉水，进入邓州境。在钧州（今河南禹州市）南三峰山，拖雷军大败金兵。金将武仙遁走，移剌蒲阿被俘，完颜合达、杨沃衍走入钧州。窝阔台军与拖雷军在三峰山会合，攻克钧州，沃衍自杀，合达在城破时被杀。三峰山一战，金军精锐丧失殆尽，潼关守将也献关投降，河南10余州均被蒙古军攻陷。不久，窝阔台、拖雷北还，留速不台围攻汴京。

战争是残酷的，造成的破坏巨大。楚材看到在战争中，"世变劫灰何所有，人随兵火鲜能留"，心中十分不安。他本质上是个讨厌战争的人。窝阔台专心伐金，正要从白坡渡河时，楚材竟在战事倥偬中同好友向东遨游去了。他和挚友郑景贤去游济源（今属河南），登裴公亭，那里世外桃源般的情调吸引了他。这里一抱青山插碧空，平湖春水青溶溶。亭院坐落于参天乔木之中，萧萧松竹掩映着如镜子般平静明亮的水潭。他十分羡慕这里的隐士，对外面的大动干戈竟然不知不觉。在修竹茂林中，楚材"但期天下早休兵"。他作诗吟道：

四海干戈尚未平，不如归隐听歌声。

情知文武都无用，罢读诗书不学兵。

楚材厌恶战争，热爱和平，是因为他热爱生命。他虽然暂时置身于战争的硝烟之外，但他心中无时不挂念身在金朝境内的亲人和正在遭受战争之灾的人民。

当蒙古军对汴京形成包围时，楚材的二位兄长仍在为金廷效命。

楚材兄弟三人，他是最小的。长兄叫做辨才，比楚材大 19 岁。辨才 18 岁时，以门资试护卫。当时参加射箭考试一共有 700 人，都是强手，辨才得到第三名。金章宗泰和时，他从军南征，攻取三关，率十一骑轻身深入至光州（今河南潢川）。当时宋兵已克复三关，辨才夺关而出，身被十三创。论功，授翼州录事判官，转曹州司候。金朝受到蒙古兵的进攻，山东西路行台檄召辨才戍守东平。曾赴蒙古军中议和，被劫。行至居庸关，他寻找到机会，得以脱身，并带领被掳的老幼人口数万回到燕京。金宣宗为了奖赏他的功劳，升他为顺天军节度副使，赏赐巨万。宣宗迁汴，辨才扈从南渡。兴定（1217—1222）中，官至中京兵马副都指挥使。宣宗召见他，询问军政利害。辨才慷慨陈言将相多非其材，于是得罪了权贵，被派到京外做官。蒙古兵围攻汴京时，他正任武庙署令。

次兄叫做善才，比楚材大 18 岁。善才弱冠以宰相子引见，补东上阁门祗候。泰和四年（1204）末，调为衡水令。历兰州军事判官，入京为西山阁门金事。卫绍王大安二年（1210），改太子典仪，转裁造署令。宣宗迁汴，善才扈从南渡，以劳授仪鸾局使。不久迁官太府少监兼直西上阁门尚食局使。贞祐三年（1215），出为同知武昌军节度使事，改章化军。历任嵩、裕、息、延四州刺史，同知凤翔府事，中京副留守，同知归德府事。哀宗开兴元年（1232）正月，蒙古兵袭荆襄，汴京戒严，诏善才以都水监使充镇抚军民弹压。

楚材奉窝阔台之命，致书二位兄长，劝北归。金哀宗于隆德殿召见辨才、善才兄弟俩，希望他们北归后能通过楚材的关系促成和议。当然，这只不过是垂死者的一份侥幸心理。兄弟俩涕泣请留在汴京，与主上同生死。哀宗幸和议可成，赠金币，让他们俩务必北上。君臣相别，泣下成行。善才辞别哀宗后，并没有北上，而是投入汴京的东护城濠中，自溺而死，表示了对金廷的忠贞和对蒙古的不屈。哀宗得知他的死讯，感到震惊和悲痛，赠他为工部尚书龙虎卫上将军。辨才没有为金廷殉死，北上后留寓真定，在蒙古太宗九年（1237），患疾去世，终年67岁。

速不台围汴京，遭到城中军民的奋勇抵抗。守城军民用震天雷、飞火枪等火药武器打击攻城的蒙古军，蒙古军中炮死者极多，速不台引军暂退。这时周围州县俱遭蒙古军抄掠，难民纷纷逃入汴京，城中人口激增，达250万以上。入夏后，瘟疫流行，死者90余万。蒙古太宗五年（1233，金天兴二年）正月，金帝完颜守绪从汴京出奔归德（今河南商丘南），命元帅崔立继续死守被围困的京城。不久，速不台再次围攻汴京，崔立献城投降。

蒙古军进入中原以后，仍带着浓厚的部落社会血亲复仇余习。按蒙古旧制，凡蒙古军攻城时，敌人以矢石相抗者，即为拒命，城下之日，除工匠外，不问男女老幼、贫富逆顺，一律杀尽，名为屠城。如卫州城破，"悉驱民出泊近甸，无噍类殄歼"。保州被屠，"尸积数十万，磔首于城，殆与城等"。蠡州（今河北蠡县）守城者用炮打死蒙古军统帅石抹也先（契丹人），结果全城被杀，"无噍类遗"。凤翔被攻破后，窝阔台"诏从臣分诛居民，违者以军法论"。杀戮的残酷，历史上罕见。汴京城快要被攻下时，速不台遣使对窝阔台说："金人抗拒持久，我们的军队死伤了很多人，城下之日，应该实行屠城。"楚材得知了这个消息，急忙与郑景贤一同驰马面奏窝阔台。

楚材说："将士暴露于郊野，英勇奋战了几十年，争的就是土地和人民。如今要是得到了土地而失去了人民，土地又有什么用呢？"

窝阔台听了，脸沉了下来，露出犹豫不决的神情。楚材说："大凡金朝的弓矢、甲仗、金玉等工匠，以及官民富厚之家，都聚集在这座城里了。如果把他们都杀了，那我们就将一无所得，徒劳地打了这一仗！"郑景贤也发挥他作为窝阔台御医的特殊影响力，仔细解说不应该屠城的理由。窝阔台终于接受了他们的建议，下了一道诏书，要求速不台军攻城将领做到"除完颜氏一族外，余皆原免"，也就是只准杀金朝的皇族。

当时在汴京避兵的尚余147万人（一说人应为户），终于免遭屠戮的惨祸。楚材又奏准挑选其中的"工匠、儒、释、道、医、卜之流"，让他们散居河北各地，由官方给予赡养。蒙古对待汴京的这种宽大措施，以后在攻取淮河、汉水流域各个城市时，也得到沿用，实际上成了定例。

河南被蒙古军占领时，俘获的人口很多。蒙古军北还，被俘者纷纷逃亡，十分没有了七八分。为此，窝阔台发布禁令："凡是收留逃民以及提供资助的人户，杀灭其家，乡社连坐。"于是没有人敢收留资助逃民，结果他们多被饿死于道路。

楚材得知这一情况，站出来向窝阔台耐心进言："河南已经平定，那里的人民都是陛下的赤子，逃又能逃到什么地方去呢？何必因为一个俘囚而连累了这么多人的性命！"窝阔台被说服了，下诏解除了禁令。

二、聚散悲欢

金亡之后，尚有秦、巩等 20 余州仍在固守，蒙古军攻了很久也未攻下。楚材向窝阔台建议说："以前我们的军法规定凡是抵抗者，城下之日杀无赦，那些城破后得全生逃走的人也许就在现在这些城里，所以他们殊死抵抗。如果许以不杀，这些城将不攻自破。"窝阔台下诏宣布凡是献城投降者，一律保证人身安全。诸城果然很快就放弃了抵抗，投降蒙古，期月之间，山外悉平。

蒙古灭亡了金朝，功业超越前古，楚材写诗歌颂道："唾手要荒归一统，汉唐鸿业未能过。"但是，在磅礴的气势下，楚材却有着无法弥合的伤痛和难以消除的悲哀。自从蒙金争战、金宣宗南渡以后，耶律氏就遭受着生离死别的痛苦。宣宗南渡，楚材的二位兄长扈驾。后来楚材应诏赴汗廷，亲兄弟便分属于不同的政治集团。楚材西游时，抛下花甲老母、年轻的妻子和未成年的儿子。他们起初移居耶律履的封邑东平，后来又寓居河南嵩山。楚材对他们充满了思念之情：

游子栖迟久不归，积年温清阙慈闱。

囊中昆仲亲书帖，篋内萱堂手制衣。

黄犬不来愁耿耿，白云空望思依依。

欲凭鳞羽传安信，绿水西流雁北飞。

——《思亲有感二首》（其一）

思亲的情感在楚材的诗句中时有流露："可怜游子投营晚，正是孀亲倚户时。""山寺幽居思少室，梅花归梦绕扬州。萱堂温清十年缺，负米供亲愧仲由。""老母琴书老自娱，吾山侧近结蓬庐。鬓边尚结辟兵发，篋内犹存教子书。幼稚已能学土梗，老兄犹未忆鲈鱼。谁知万里思归梦，夜夜随风到故居。""故园屈指八千里，老母行年六十余。何日挂冠辞富贵，少林佳处卜新居。""骨肉星分天一涯，萱堂何处忆孤儿。"

楚材拜中书令后，母亲尚健在。到金亡，妻子梁氏死于河南方城，母亲也已弃养，次兄为金廷殉死，只有长兄辨才，子铉，侄子钧、镛北归。侄女了真、淑卿尚沦落在俘囚之中。对此，楚材愁痛交加：

干戈扰扰战交侵，一纸安书值万金。

兄子生还愁未解，萱堂仙去恨尤深。

涕零倚木西风怨，肠断闻铃夜雨淋。

养老送终真有憾，号天如割望云心。

——《邦瑞乞访亲因用其韵》

　　侄女耶律舜婉，字淑卿，是楚材仲兄善才的女儿，比楚材小六七岁。淑卿是位才貌双全的女子，"禅理颇究，儒学悉通"。可能是由于心灵过于敏感，她刚及笄年，正在开花的美好年华，却觉察到了世道的变幻、人生的无定，便"欲为尼于高嵩"。她的才貌与德行久而广为人知，传到了金帝的耳中，金帝于是遣使到她的故乡召她入宫。淑卿在宫中"守志持节，慎心饰躬，垂及知命，尚为婴童"。她在宫中协助金帝掌握章奏，声名地位日益高隆。金帝称她为"女学士"，人们称她为"官相公"。对于金帝政务处理上的缺失，她屡次直言相谏，防止了许多过失的发生。正当她以一女儿身而有男儿的功业时，发生了国破家亡的剧变，势尽途穷，沦落为蒙古军的俘虏。后来楚材将她赎了出来，迎到塞北和林城居住。但不到一年，她就罹疾离开了人世。对她的遭际和不幸，楚材深为同情。他在祭文中寄托无尽的哀思："信幻有之非有，知真空之不空。来兮无迹，去兮无踪。来无迹兮，出燕山之白云；去无踪兮，耸和林之青松。明日灰飞烟灭后，天涯何处不相逢。"

这里，楚材借用了佛学中幻有与真空的概念。不要以为楚材通佛，就以为他真的是佛教视现世为幻、视空无为真的教义的信奉者。相反，他借用佛学中这种本末倒置的观念，正是表达了他的悲哀。淑卿原先有个道号叫"正悟"，到和林后，楚材为她改号为"徒悟"。可见世道的变幻将人们现世的美好东西都夺去了时，即使彻悟了人生的真谛，又是多么徒然！

侄女了真是楚材长兄辨才的女儿。辨才虽然未为金朝殉死，但他的幼子为了保卫金朝，在与蒙古兵的战斗中英勇捐躯。了真是道号，她的俗名已不可考。了真在金亡时已孀居了 20 年，信奉佛教，习读《传灯灵》。汴京城破时，她身着道服，但仍被蒙古兵俘虏。由于她宁死不受辱，北行到燕京时又装病，身体才免遭蹂躏。后来楚材将她赎了出来。

金亡时，楚材还有一个堂妹在河南。堂妹是楚材的叔叔耶律震的女儿。他们俩自小一起长大。楚材虽然已是四十好几的人，但仍然清晰地记得儿时的光景。他曾与堂妹同在叔叔的凤箫楼上，倚靠栏杆，观阅世界；他们曾一起学习写字画画；曾一起琴棋相对。回想起几十年间的变幻，楚材觉得"聚散悲欢灯影里，兴亡成败梦魂间"。他寄书堂妹，希望听到她平安的消息。

金朝灭亡了，但人民免受了屠戮，楚材也于俘房中赎回了亲人，经世乱而破碎了的家族与家庭又团聚了。虽然死去的亲人不能再相见，对母亲的孝心无法躬行，他的胸中充满了无尽的悲痛。但是，他的肩上担当着更为重大的责任——行仁义。行仁义不但是他本身的事业，也是耶律氏子孙的事业。正如他在送给劫后余生的房孙重奴的诗中所说：

汝亦东丹十世孙，家亡国破一身存。

而今正好行仁义，勿学轻薄辱我门。

——《送房孙重奴行》

第九章　扶持孔教

一、选拔儒士聚人才

以孔夫子为祖师的儒学是中原农业文化的核心和主体，儒士则是这种文化的传承者。蒙古政权崛起于游牧社会，文化上尚未发生"哲学的突破"。而他们信仰万物有灵，萨满的巫师算是专业的文化传承者。所以蒙古的统治者开始时对儒学和儒士并不了解，更谈不上对儒士的保护和任用了。在成吉思汗时代，蒙古统治者只对僧、道、伊斯兰教、聂思脱里派基督教等各种宗教的教徒给予免除各种赋役的优待，儒士却不受重视。耶律楚材本人之所以得到成吉思汗的任用，并不是因为他是个懂得孔孟之道的儒士，掌握了"以儒治国"的本领，而是因为他有契丹皇族后裔的背景，精通各种各样的占卜技术，又能起草文书。当刚告别部族社会仍带着浓厚血亲复仇习气的蒙古骑兵席卷中原大地时，儒士和士大夫阶层也和广大的普通民众一样，或死于兵锋之下，或毙于颠沛流离的道途，或沦为俘虏和驱口。

从元初名臣窦默（1196—1280）在金朝末年的遭遇中，我们可以获知当时中原一般儒士遭际的情形。

窦默是金河北西路肥乡县（今河北肥乡）人。幼知读书，毅然有立志。族祖窦旺，在路政府任功曹，让他学习吏事，窦默拒辞不就。蒙古兵伐金，窦默被俘。同时被俘的一共 30 人，都被杀掉，只有他找到机会得以逃脱。回到家里，家已遭蒙古兵破坏，家中仅存母亲一人。母子俩对蒙古兵的残暴，事后仍是不寒而栗，因此都得了病。母亲竟一病不起，撒手而去，窦默扶病藁葬。蒙古兵再一次蹂躏中原，窦默被迫逃难河南，投奔外祖父家吴氏。医者王翁将女儿嫁给他，让他跟随学医。后来窦默转客蔡州，遇名医李浩，学到了铜人针法。金主迁蔡，窦默害怕遭受兵祸，又辗转到了德安（今湖北安陆）。

约在宋理宗端平元年至二年（1234—1235，蒙古太宗六年至七年）出使蒙古的南宋人徐霆记载燕京亡金士大夫的生活说："有亡金之大夫混于杂役，堕于屠沽，去为黄冠，皆尚称旧官。王宣抚（王楫）家有推车数人，呼运使，呼侍郎。长春宫多有亡金朝士，既免跋焦（剃发），免赋役，又得衣食，最令人惨伤也。"

儒士、士大夫这一孔子之道传承者的沦落，使中国文化的生存传播蒙上了一层浓郁的阴影。儒士、士大夫普遍感到道之将丧，楚材同样感到忧心如焚，"君子云亡真我恨，斯文将丧是吾忧"。楚材以特殊的身份跻身于蒙古最高统治集团，毅然以振兴儒学为己任，"润色吾术惟恐后，扶持天下敢为先"。

蒙古太宗二年（1230）设置十路征收课税使，楚材奏准任用的正、副使全部都是儒者。这是汗廷大批任用汉人儒者、文臣的开始，也是一部分儒者的地位和生活处境有所改善的开始。

由儒士担任的课税使为汗廷征收到大批中原的财赋，儒士的功用开始显露出来。有了这一实际成效后，楚材便不断向窝阔台进言孔孟之道，大讲特讲"天下虽得之马上，不可以马上治"的道理，说明任用儒者对于治国的重要性，建议窝阔台选用儒士。

太原路课税使吕振、副使刘子振因为贪赃被处了刑。窝阔台因此责问楚材说："你说孔子之教可行，儒者都是好人，为什么还出现这样的人呢？"

楚材说："君父教育臣子，当然不是要使他们陷于不义之地，但不义者时常有，这是个人修养的问题。三纲五常的伦理，有国有家的人，莫不遵循，就像天空有日月星辰一样。怎么能因为一人犯了过失，就使万世常行之道唯独在我们的国家中不能通行呢？"

经楚材这么一番解释，窝阔台才弄清了一种学说和这种学说的信奉者之间是有差别的。弄清了这种差别，窝阔台又心平气和了，仍然相信楚材说的孔教有益于治国的话。

蒙古太宗四五年间（1232—1233），蒙古军围攻汴京。当时，城里聚集了许多儒士，其中有不少是当世的杰出人才。城未下，楚材奏请窝阔台，获准遣使入城索取孔子五十一代孙孔元措，加以保护，让他收拾散亡礼乐人等，仍袭封衍圣公。同时索取给予保护的还有著名儒士梁陟等人。

兵临城下，金国灭亡的命运已不可避免，但是文化的传承不能因王朝的覆灭而中断。当代名士元好问（1190—1257），希望在金亡后，儒士、士大夫能够用"衣冠、礼乐、纪纲、文章"去影响蒙古征服者，让他们适应中原已高度发展的农业文明。蒙古军队刚占领汴京，蒙古太宗五年（1233）四月二十二日，元好问就给耶律楚材写了一封著名的信①。在这封信中，元好问开列了一个54人的士大夫名单，请求"辅佐王室"的蒙古国中书令耶律楚材，给他们予以保护。信中讲到，人才的培养不是一朝一夕可以成就的事，他所列举的人，都是"夫民之秀，有用于世者"，是金朝百年以来教育所成就的佼佼者。

信中说："诚以阁下之力，使脱指使之役，聚养之，分处之，学馆之奉不必尽具，馈粥足以糊口，布絮足以蔽体，无甚大费，然施之诸家固已骨而肉之矣。他日阁下求百执事之人，随左右而取之，衣冠、礼乐、纪纲、文章尽在于是，将不能少助阁下萧（何）曹（参）丙（吉）魏（相）房（玄龄）杜（如晦）姚（崇）宋（璟）（前四人是西汉的名相，后四人是唐朝的名相）之功乎？假而不为世用，此诸人者，可以立言，可以立节，不能泯泯默默以与草木同腐，其所以报阁下终始生成之赐者，宜如何哉！阁下主盟吾道，且乐得贤才而教育之，一言之利，一引手之劳，宜不为诸生惜也！"

楚材读了元好问的信，立即就向窝阔台奏请，获准选取儒者"散居河北，官为给赡"。元好问推荐的54人中，后来有不少人协助楚材在政治、经济、文化各方面做出了贡献，而且有很多人成为元世祖忽必烈建立元朝的中坚。

楚材在蒙古军攻取汴京后选取儒者由政府提供生活保障等方面优遇的做法被作为定例，在蒙古军攻取汉水、淮河流域诸城时得到遵守。

---

① 《癸巳岁寄中书耶律公书》，《遗山先生文集》卷39。

蒙古太宗七年（1235）阔出太子伐宋，杨惟中、姚枢从征，克宋枣阳、光化等军，光、随、郢、复等州及襄阳、德安府，得名士数十人，收集著名理学家程颢、程颐、周敦颐、朱熹的著作，送到燕京。其中著名的儒士有赵复、窦默、王磐等人。赵复是当时有名的理学家，他到燕京后，蒙古政府立周子祠、建太极书院，让他做主讲。跟随赵复学习的生徒百余人，北方的经学从此开始兴盛。窦默避兵到德安府的孝感县，孝感县令谢宪子将伊洛性理之书教授给他，从此他就成了一名理学家。杨惟中随征到德安招集儒士，窦默应征北归。经过多年的学养，终于以经术教授成名。元世祖时，官至翰林侍讲学士。王磐（1202—1293）是广平永年（今属河北）人。少年时从学于名儒麻九畴，26岁成为金哀宗正大四年（1227）经义进士。蒙古兵围汴京，王磐转徙淮、襄间避兵。襄阳兵变，又复北返。行至洛西，恰逢杨惟中招集儒士，王磐应征。元世祖时，官至翰林学士。

蒙古太宗九年（1237），楚材又向窝阔台进言说："制器者必用良工，守成者必用儒臣。儒臣的事业没有几十年的工夫，是不会轻易成功的。"

窝阔台说："果然如此，可以任用他们做官。"

楚材于是建议举行考试，对儒士进行选拔，获得允准。这年秋天，汗廷命断事官术虎乃、宣德州宣课使刘中主持具体的考试事宜，考试分为经义、词赋、论三科。儒士们在各地应试。儒士被掠为驱口的，同样有资格参加考试；其主人阻拦不让应试者，主人将被处以死罪。诏令宣布：中选的儒士，若有种田者纳地税、买卖者纳商税，开张门面营运者依例供差发，除此之外，其余差发并行蠲免。中选的儒生本人担任本地的议事官。随后依照先降条例开辟举场，精选入仕，续听朝命。

诸路的考试均于次年（戊戌）举行，所以称为"戊戌选试"。这次考试得士4030人。其中千余人原是驱口，应试中选后，获得了自由。

按照楚材原来的计划，戊戌选试只是科举取士的步骤之一，此后准备再辟举场，"精选入士"。到蒙古太宗十年（1238）四月，又下诏举行汰选僧道的考试。于是对僧道和对儒生的考试一并施行，主行诸道考试的考官如赵仁、田师颜等，都是"三教试官"。中试儒生授给议事官、同署地方政事的规定，也基本上没有实行，而仅仅得到了与僧道相同的豁免差发的待遇。戊戌选试在实施的过程中，被蒙古统治者纳入了"考试三教"的范围。

尽管戊戌选试未能按楚材原来的计划进行，但它仍有着不可否定的积极意义。在这次中选的儒士中，有不少杰出的人才，他们或是在政治上助成了楚材行仁政的事业。如杨奂（1186—1255），戊戌年应试东平，赋和论的考试都中了第一名。随后从监试官北上，谒中书令耶律楚材。楚材将他奏荐给窝阔台，授河南路征收课税所长官，兼廉访使。临行，杨奂对楚材说："在下不聪敏，误蒙不次之用，以书生而理财赋，已非所长。况且河南遭遇兵荒之后，遗民无几。《老子》烹鲜喻言所说的简易治国的方法，今日正是实行的时候。若急于求成，重扰民众，民众必无生存之路。愿宽假以岁月，使得抚摩疮痍，以作为朝廷爱养国家基本的万一之助。"楚材听了，十分称赞。

杨奂到任后，招致一时名士共商政事，以简易为事作为施政的原则。他按行境内，亲问盐务月课几何、难易若何。有人建议增额，杨奂责问说："你难道要我做出剥下欺上的恶劣勾当吗？"他不但没有增额，反而将盐课原额的四分之一裁了下去，官府和百姓都觉得方便。不逾月，政成，得到舆论的一致称赞。杨奂任职长达 10 年，为河南经济的恢复发展做出了重要贡献。

中选的儒士有不少人后来进入了蒙古最高统治集团的决策圈，使蒙古的统治政策或多或少地符合儒学的精神。他们中的许多人不但在窝阔台时做出了贡献，而且更重要的是，他们对忽必烈建立元朝，制定元朝基本的政治社会制度，起了重要的影响，更进一步贯彻了儒学的精神。

中选的儒士中，有些人在儒学的传播上做出了很大的贡献。如安滔，金亡后定居真定。戊戌中选，占儒籍。以郡博士出任路儒学的副长官，"贵游子弟多出其门"。文化传播的影响比政策的影响更为深远。文化改造了人，当蒙古贵族接受了儒学的影响时，他们的政策中就不能没有儒学的印痕。所以，楚材在保护与任用儒士之外，大力兴学尊孔。

二、兴学尊孔传文献

前面提到，蒙古太宗四年（1232），蒙古军尚未占领汴京时，楚材就奏请派人入城把孔子的第五十一代孙孔元措要了出来，予以保护。后来又奏准让孔元措袭封衍圣公，付以林庙地，收太常礼乐生，保持原有的地位。次年冬天，楚材又说动窝阔台，下敕修理孔子庙。太宗八年（1236），又重新修葺孔子庙。

楚材在索取衍圣公予以保护的同年，召名儒梁陟、王万庆、赵著等人，让他们直释九经，进讲东宫。他又亲自执教，为大臣子孙讲解儒家经典，"俾知圣人之道"。到蒙古太宗六年（1234），将燕京的儒学改设为国子学，设国子总教及提举官。以冯志常为总教，杨惟中为监督，以儒士 18 人执教，命侍臣子弟 18 人入学读书。

在楚材的推动下，蒙古宫廷兴起了讲学之风，并建立起了国子学。汗廷作出了表率，各地便纷纷效法，一时孔庙和儒学在蒙古统治的汉地相继修复。如云中（今山西大同）、太原、天山（今内蒙古四子王旗西北）、邳州（今江苏邳州西南）等地，在金亡后相继修复孔庙。孔庙和儒学实际上是合二为一的。因此，孔庙的修复也就是儒学的重建，庙学是儒学得以传播的重要工具。楚材在《太原修夫子庙疏》中说：

并门连岁不年丰，证父攘羊礼义空。

既倒狂澜扶不起，直须急手建庠宫。

对于各地庙学的修复，楚材以"吾道主盟"和中书令的地位给予提倡支持，并往往亲自为其作疏赋诗。有的时候，他还对贫困的儒学用个人的收入予以资助。如金城（今山西应县）儒学乏粮，楚材便送去十斛粮食接济，并寄去一首小诗，对金城的士大夫表示鼓励。诗中说："金城人士本多奇，何事庠宫久蔑资。周急无轻五秉粟，伤时因寄一篇诗（《寄金城士大夫》）。"在楚材的提倡下，当时复兴庙学，上下蔚为风气。而儒士获得了免役的优待，也更有时间从事圣人之道的传授。

东平路行军万户严实死后，子严忠济袭职，幕僚宋子贞（1188—1268）主持新建庙学，聘前进士康晔、王磐等人为教官。学生从先圣颜孟的子孙到一般平民子弟百余人，全部由东平行台政府提供庖廪。宋子贞对于办学十分热心，春秋释奠，随季程试，都亲身主行。齐鲁儒风为之一变。由于地方实力派的支持，东平儒学的办学经费充足，师儒得人，教育得方，于是一时后进，业精而行成，人才辈出。

蒙古太宗八年（1236）六月，楚材奏请窝阔台批准，在燕京设立编修所，在平阳（今山西临汾）设置经籍所，编集经史。召儒士梁陟充任长官，王万庆、赵著任副长官。

燕京和平阳原是金朝的两大文化中心。由于当时中原社会秩序已经安定，社会经济初步恢复，各地学风渐盛，国立经史编集机构的设置，正是适应了当时人们对以儒家经典为核心的传统文化典籍的需求。从太宗窝阔台到乃马真后时期，两地出版了不少的经史书籍。而且平阳在蒙古太宗九年（1237）到乃马真后三年（1244）间，刻行了《道藏经》这样大部头的典籍。

此外，楚材在搜集、保存图书经籍和历史文献方面，都有值得称道的贡献。

前面已提到，他在蒙古太祖二十一年（1226）随蒙古军攻克灵武时，诸将校都争抢金帛子女，唯独楚材收集了两骆驼的书籍和大黄。拖雷监国时（1227—1228），他又到燕京搜索经籍。

由于楚材在搜集图书文献方面的努力，一些重要的图书文献避免了佚失的命运，被保存了下来，尤其是有关辽朝的历史文献，因楚材的保存才使元朝修《辽史》时得以有比较原始的史料作为依据。金亡时，元好问就慨叹，辽人主盟将 200 年，其间值得史官记载的东西很多。金朝曾修《辽史》，可惜南迁时简册散失，世人不复得见。当今人谈论辽朝的事时，竟说不清辽朝前后有多少位皇帝。元世祖即位（1260）之初，翰林学士承旨王鹗也指出："辽史散逸，尤为未备。"但到元末至正三四年间（1343—1344），脱脱主持纂修《辽史》时，却不仅有陈大任等编纂的《辽史》可作为纂修的依据，而且还找到了更重要的原始文献资料——耶律俨纂修的《辽实录》。《辽实录》得以保存，与楚材对图书文献的搜藏分不开。元人苏天爵说："辽人之书，有耶律俨《实录》，故中书耶律楚材所藏，天历间进入奎章阁。"楚材之父耶律履在金朝时，曾因私藏辽史受到攻击，后来他又主持了《辽史》的修纂，是陈大任《辽史》的实际修纂者。楚材收藏的《辽实录》，系其父所传。由于有了《辽实录》作依据，元朝人才纂修成了我们今天所见到的《辽史》，使它保存了大量的有关辽朝的原始材料。

第十章 名垂青史

一、欲以身殉天下

蒙古太宗七年（1235）春天，漠北的严寒刚刚退去，河里仍然结着冰，山野仍然积着雪，斡耳寒河（今蒙古国鄂尔浑河）源头，南山（今杭爱山）的脚下，却已是一派火热的景象，成百上千的工匠，正在为可汗皇帝建造一座永恒的城市。城市和汉地帝王京城一样，带有围墙，西南方是可汗皇帝宏伟壮丽的宫殿——万安宫。

从成吉思汗到蒙哥汗时期（1206—1259），漠北是蒙古国的中心地域。自从蒙古人雄姿勃勃地登上世界历史舞台，这一荒远的亚洲腹地顿时成了世界注目的中心，来自各国的君主、使者、商人、教士等诸种人物接踵于道。蒙古可汗在怯绿连河上游的大斡耳朵，与世界级政权首府的地位已是很不相称。这个大斡耳朵的地理位置偏东，而历来强盛的北方游牧政权都是立国于斡耳寒河上游，居中以制两翼的。但成吉思汗在世时，一直忙于南征西讨，无暇顾及"根本之地"的建设。窝阔台即位后，常驻地就逐渐西移到斡耳寒河上游。他一直在筹划着"奠定世界强国之根基，建筑繁荣昌盛之基础"。灭亡金朝后，他从汉地带回了成百上千的各色能工巧匠，于是便让他们在回鹘故都之南、斡耳寒河东岸建造哈剌和林城。另外，窝阔台进一步完善了驿站制度，从和林到汉地，到察合台封地、拔都封地，都有站赤相连。命阿剌浅、脱忽察儿掌管全国站赤。

在兴建哈剌和林城的同时，窝阔台大会诸王贵戚百僚，散赐他即位以来所获得的财宝，宴乐一月有余。然后决定遵守成吉思汗的遗训，派遣数支部队远征诸国。一支由诸王拔都、皇子贵由、皇侄蒙哥统率，出征西域；一支由皇子阔端统率，攻打尚未攻克的金国的秦、巩诸州；一支由皇子阔出、大断事官胡土虎率领，伐宋；一支由唐古统率，征高丽。蒙古军每十人调发一人西征，一人南征；中州户每十户一人南征，一人征高丽。当时有的大臣提出用西域人征南，汉人征西，以为得制御之道。楚材坚决反对，他指出："汉地与西域相距数万里，易地作战，待兵士开到前线，已是人马疲乏，不堪对敌，而且水土异宜，必然会发生水土不适的疫病。不如各就本土征进，两得其便。"会上争论得很激烈。通过十几天的舌战，楚材方说服蒙古最高统治者采纳了他的建议。

经过能工巧匠们将近一年的辛勤劳动，万安宫终于要上梁落成了。按照中原的习俗，建筑的奠基、上梁、落成是很重要三个环节，都要举行一定的仪式，以求吉祥顺利。万安宫的上梁文是楚材写的。建筑工匠们呼号着楚材写的口号，抖擞精神，祝愿大蒙古国的基业永固：

抛梁东，

万里山川一望中。

灵沼灵台未为比，

宸宫不日已成功。

抛梁南，

一带南山挹翠岚。

创筑和林建宫室，

郑侯功业冠曹参。

抛梁西，

碧海寒涛雪拍堤。

臣庶称觞来上寿，

嵩呼拜舞一声齐。

抛梁北，

圣主守成能润色。

明堂壮丽镇龙沙，

万世巍巍威万国。

抛梁上，

栋宇施功遵大壮。

鸣鞘声散翠华来，

五云深处瞻天仗。

抛梁下，

柱石相资成大厦。

君臣钟鼓乐清时，

喜见山阳归战马。

万安宫有宫墙环绕，周长约 2 里。它的中殿辟有三个南向的门，殿内圆柱两列，北面置一高台，为御座所在，座前有左右阶梯接地。御座左右两侧均置平台，右侧为诸王座位，左侧为后妃座位。御座前空地是奏事或进贡臣僚、使节等人的站立处。中门之前立一株银树，树顶上装一个吹号的天使，树的根部有四头银狮，每一树枝上缠绕一条金蛇，各有管子通到树下地窖，窖中预藏若干仆役伺候。开宴时，仆役吹响天使所执号角，其他人则将各种饮料倾入管内，于是银狮、金蛇同时口吐马奶和诸色美酒。据说，这一套巧妙机关是巴黎名匠威廉设计制造的。

考古发掘证明，和林城的宫殿、邸宅等建筑物，完全是中原式样。不过，在内部安排和装饰上，既考虑了蒙古的文化和政治，又吸收了西方的装饰艺术。

和林城建设的主要负责者是宣德人刘敏，为窝阔台"立行宫，改新帐殿；城和林，起万安之阁，宫闱司局"，都是由他提出和设计的。

到蒙古太宗八年（1236）春天，万安宫落成，窝阔台在富丽堂皇的宫殿里，大会诸王贵臣。他亲自执杯酌满醇酒赐给楚材，说："我遵从先帝的遗命任用你，对你推诚相待。没有你，也不会有今日的天下。我现在可以高枕无忧，就是得力于你。"

正是由于窝阔台的信任，楚材在担任中书令以后，才有可能逐步实施自己"以儒治国"的方案，在政治、经济、文化各方面做了许多事情。他所做的事情，是要在金亡蒙兴之际，使世界的征服者——新兴的蒙古游牧贵族，采用汉族以儒教为中心的传统思想和制度，来治理中原，使战争不断的乱世转为和平的盛世，使当时先进的中原农业文明得以保存下来并继续发展。

然而，楚材要推行全面以儒治国的方案，在蒙古最高统治集团内部却少有支持者，困难重重。这种困境，正似他作诗自嘲所描绘的图景：

天皇冬狩如行兵，白旃一麾长围成。

长围不知几千里，蛰龙震栗山神惊。

长围布置如圆阵，万里云屯贯鱼进。

千群野马杂山羊，赤熊白鹿奔青獐。

壮士弯弓殒奇兽，更驱虎豹逐贪狼。

独有中书倦游客，放下毡帘诵《周易》。

——《扈从冬狩》

这首诗作于蒙古太宗五年（1233）的冬天。蒙古大汗、亲王和贵臣们壮观沸腾的围猎场面与楚材独自一人在毡庐中静读《周易》的情景形成了极为强烈的反差。楚材于蒙古国推行以儒治国的方案是这样一幅图景。

在蒙古的游牧文明与中原的农业文明发生接触和冲突的时候，楚材试图使前者适应后者，而蒙古贵族的守旧势力，则力图使前者去消灭和代替后者。这就是所谓"国俗"与"汉法"的矛盾。这种冲突表面上是两种文明的冲突，实质上是蒙古贵族力图使自己的利益极大化和限制这种极大化的斗争。蒙古贵族以强劲的弓马征服了中原和世界其他的广大地域。他们向外扩张最主要的目的就是要掠取更多的财宝、美女。当他们征服某一地域后，当然就不会轻易放弃恣意掠夺和索取的权力。楚材要限制这种恣意的掠夺和索取，就必然会遭到他们的抵制和反对。

前面已经提到过太宗三年（1231）石抹咸得卜鼓动斡辰大王出面反对楚材的事，对楚材的政治地位一度形成严重威胁。灭金以后，随着楚材治理中原方案的逐步推行，蒙古贵族中反对楚材的活动更是层出不穷。蒙古太宗九年（1237）发生了这么一件事：两个道士互立党羽，争权夺利，其中一个道士诬陷对方党羽中有二人是逃军，勾结中贵（汗廷的近侍），后将二人逮捕起来虐杀了。有一名叫杨惟忠的通事参与了这一件事，楚材把他拘留起来。中贵到可汗皇帝那里控告楚材"违制"，窝阔台听了大怒，将楚材捆绑了起来，随即又后悔，令人给楚材松绑。楚材却不肯解缚，对窝阔台说："我备位公辅，国政所属。陛下起初下令将我捆起来，必定是因为我有罪。既然有罪，就应当明示百官：有罪就必须接受惩罚。现在又将我释放，表明我没有罪，怎么能这样轻易反复，就像戏弄一个小孩一样呢？国家有大事，还怎么处理？"在场的人听了楚材责备窝阔台的话，都大惊失色。窝阔台不愧是一位宽厚的君主，听了楚材的话，他不但没有生气，反而觉得在理，对楚材说："我虽然做了皇帝，哪里能一点儿错误都不犯？"又以温言好语对楚材进行了一番安慰。

楚材知道中贵的攻击没有动摇窝阔台对他的信任，于是向可汗皇帝条陈时务十策：信赏罚，正名分，给俸禄，封功臣，考殿最，定物力，汰工匠，务农桑，定土贡，置水运。这个全面改善蒙古国对汉地统治方法的计划后来并没有得到完全实施。

同一年，还发生了这么一件事：有个名叫阿散迷阿失的西域人控告楚材私用官银1000锭。窝阔台召问楚材是怎么回事。楚材说："请陛下仔细回想一下，是否曾有过用银的旨意。"窝阔台说："我记起来了，曾令修盖宫殿，用银1000锭。"楚材说："那就对了，1000锭银子正是用于修盖宫殿的。"几天以后，窝阔台坐在万安宫里诘问阿散迷阿失，这个告发者不得不承认自己是诬陷楚材。

虽然说坏话的、故意诬陷的人很多，但有可汗皇帝对自己的信任，楚材愿意勉为其难，尽力推行以儒治国的方案。他写诗表白说："自笑髯中书，有过仍不悛。三代不同礼，勉欲相袭沿。"

扑买课税是蒙古贵族和大商人（主要是西域商人）搜刮人民财富的手段。

所谓"扑买"，就是包税制。商人先向政府垫支某类或某地课税银两，政府则将某类或某地课税征收的专有权交给此商人。这样，扑买商人在征税时必然大量额外加征，以获取丰厚的利益。有的汉族大商人也参与这种扑买活动。到蒙古太宗十年（1238）时，扑买已十分猖獗。燕京的刘忽笃马，暗中勾结权贵，以银 50 万两扑买天下差发；涉猎发丁，以银 25 万两扑买天下系官廊房地基水利猪鸡；刘庭玉以银 5 万两扑买燕京酒课；又有一个西域商人用银 100 万两扑买天下盐课，甚至有人扑买天下河泊、桥梁、渡口。楚材意识到，如果不坚决制止这种大规模的扑买，那么对百姓的祸害就太严重了；如果扑买盛行，那么他所制定的赋税制度，就会遭到破坏，即使制度仍存在，那也是名存而实亡。他大声疾呼："这都是奸人欺下罔上，为害大得很。"一律上奏停罢。他曾经说："兴一利不若除一害，生一事不若减一事。这是班超的名言。这句话看起来平平，却是千真万确的千古之下，自有定论。"

灭金以后的几年内，经过耶律楚材等人的治理，蒙古国境内的社会秩序比较安定，社会经济也得到了恢复。在"华夏富庶""四方无虞"的情况下，窝阔台已经"怠于政事"。他向来嗜好饮酒，到了晚年饮得更凶，每天同大臣们喝得酩酊大醉。楚材屡次劝谏，他都不听。有一次，楚材拿着酒槽的金属边口对他说："这铁边口受到酒的腐蚀，尚且坏到这种地步，何况人的五脏，岂能不受酒的损害？"窝阔台知道楚材确实是关心他的健康，很高兴，赐给楚材金帛，还要左右侍者每天进酒限制在三盅。但是实际上，他并没有戒掉酗酒的嗜好。这样，当他酣饮取乐时，奸邪之徒便乘机而入。

起初，在太宗二年（1230），楚材将每年的课税额定为 1 万锭。后来攻占河南，户口增加了，课税额也增长到 2.2 万锭。当时亡金的译史安天合从汴梁来到楚材那里，极力讨好奉迎楚材，想做大官。楚材虽然加以奖掖，但不能满足他的欲望。这个投机分子便转而投靠右丞相田镇海，千方百计挑拨离间，破坏楚材的政事。蒙古太宗十一年（1239）十二月，安天合荐引西域大商人奥都剌合蛮扑买课税，将税额增加到 4.4 万锭。

楚材说："就是征取 44 万锭，也是可以做到的。只不过是严设法禁，阴夺民利罢了。但是要知道，民穷为盗，非国之福！"

当时，可汗皇帝身边的近侍吃了贿赂，都对扑买表示赞成。而窝阔台见凭空可以增加一倍年财政收入，便对楚材的话置若罔闻，当即欣然批准扑买计划。

按照当时的税额，从实征收就已不能足数，奥都剌合蛮既加倍扑买，取得了征税权，自然要凭借蒙古政治势力，尽量搜刮，实际之数必定大大超过 4.4 万锭。楚材见窝阔台同意了扑买，十分着急，反复争辩，声色俱厉，窝阔台不高兴了，说："你想搏斗吗？"不让他争辩下去。

蒙古太宗十二年（1240）正月，窝阔台任命奥都剌合蛮为提领诸路课税所官。楚材见自己无力阻止扑买，叹息说："扑买取利的风气既然兴起来了，必有其他坏事接踵而来，人民从此就要遭受穷困了，国家从此也就要政出多门了！"

奥都剌合蛮被任命为提领诸路课税所官，表明楚材作为辅弼窝阔台治理汉地最高佐相的职权，实际基本上被剥夺了。因此，各种与楚材以儒治国方案相反的主张，纷纷在朝廷上提了出来。但楚材仍是"正色立朝，不为少屈，欲以身殉天下"。每当遇到与国家利害民生休戚相关的事情时，他总是辞气恳切地向窝阔台提出自己的主张，"孜孜不已"。面对这种场合，窝阔台就说："你又要为百姓哭泣吗？"但对于楚材的品格，他始终是很尊重的。

楚材曾与诸王一起宴饮，醉卧车中，在平坦的蒙古高原上，窝阔台远远就看见了这幅景象，便策马直奔过去。他驻马车旁，见楚材睡得正香，便上车拍了拍他的中书令。楚材睡意仍浓，正要怒斥搅己者，睁眼一看，才知是可汗皇帝，急忙起身谢罪。窝阔台说："有酒自己独醉，不和我一起同乐？"说罢大笑而去，那爽朗的笑声响遍行云。楚材来不及穿戴好，便驰马赶到行宫，窝阔台设酒宴招待，君臣极欢而罢。

然而，以儒治国的计划不但得不到进一步实行，而且已实行的部分也正在遭到破坏，楚材感到很抑郁，觉得自己的力量单薄，时常想归隐故里，放闲于山水间。但是，作为"吾道主盟"，他又怎么能够轻易退隐下来呢？退隐就意味着退缩！这不符合他矢志不移的信念。他要抗争，只要一息尚存！

蒙古太宗十三年（1241）二月，窝阔台病重，脉搏已十分微弱。皇后脱列哥那不知所措，召见楚材，问有什么救治之方。楚材说："现在朝廷用人不当，天下罪囚必多冤枉，所以屡屡见到异常天象，应该大赦天下。"并引用宋景公荧惑退舍的故事为证。楚材的话音刚落，皇后就表示按照他说的去做。楚材说，大赦必须由君主发命。不久，窝阔台稍稍苏醒，皇后把楚材的意思告诉他。可汗皇帝已不能说话，只是点了点头。大赦诏书发了出去，窝阔台的病情竟然也一时好转。到这年的冬天，窝阔台已有一段时间不用药了。楚材进行了一次星象推算，上奏规劝窝阔台不宜畋猎。左右的近侍却说："倘若不能骑马打猎，活着又有什么乐趣！"这样，楚材的劝告就未起任何作用，窝阔台还是出去打猎了，5天后就去世了。

二、傲然挺霜雪

窝阔台去世后，皇后脱列哥那摄政。她是乃蛮人，姓乃马真氏。

乃马真后二年（1243）的春天，楚材的夫人苏氏先他而去，对他而言不能不说是一个打击。但参过禅的人明白："但能死生荣辱哀乐不能羁，存亡进退尽是无生路。"所以，他克制了自己的悲哀，让爱子耶律铸护丧归燕京，将苏氏葬于玉泉山东面的瓮山。又将伯兄辨才、仲兄善才归葬于义州弘政县先茔，同时让耶律铸礼请著名文学家元好问为两兄撰写墓志铭，并为他的父亲耶律履重撰神道碑。这既告慰了亡灵，也了却了自己的一桩心事。安排好这些事情后，楚材又投身到国家的政治活动之中。

同年，脱列哥那问楚材对于君位继承人问题有什么意见。楚材说："这不是外姓臣僚可以议论的事。这件事如何处理，自有先帝的遗诏在，按照遗诏办事就是国家的福祉。"先帝的遗诏，是要由皇孙失烈门（窝阔台第三子阔出的儿子）继承汗位。但是，脱列哥那另有打算，她决意由儿子贵由继承大位。当时贵由、蒙哥已奉召从西征军中返回，但尚未抵达蒙古。所以，脱列哥那临朝称制，这就给汗位的觊觎者提供了机会。

这年五月，出现了"荧惑犯房"的天象，楚材上奏说："当有惊扰，但最终无事。"果然成吉思汗幼弟斡赤斤见窝阔台死后汗位虚悬，便企图乘机夺取大位，率大军趋向和林，朝中大惊。脱列哥那挑选心腹组成御林军，想西迁以避其锋。楚材说："朝廷是天下的根本。根本一动摇，天下将乱。我观察天道，料定不会出大问题。"原来脱列哥那准备西迁的时候，同时派遣使者前去询问斡赤斤起兵的缘故，而这时贵由已回至叶迷立（今新疆额敏县）。斡赤斤听了使者的谦卑之词，又得知贵由不日即可返回和林，对自己的冒失行为很感后悔，便引兵回自己的分地（斡赤斤的大帐在今贝尔湖之东，哈拉哈河北附近）去了。这样，蒙古国就避免了一场政治动乱。

当时脱列哥那依靠对宗亲和大臣的滥行赏赐取得了他们对自己的支持，这样，奥都剌合蛮那样的财赋搜刮能手就更是被需要了。因此，在脱列哥那摄政后，奥都剌合蛮就掌握了朝政，大臣们纷纷依附他，唯独楚材不加理会。奥都剌合蛮恐怕楚材阻挠自己的行政，便用 5 万两白银贿赂楚材。楚材拒不授受，只要是他认为对百姓不利的事，依旧一概出来制止。

脱列哥那对奥都剌合蛮很倚重，将盖好了御宝的空白敕书交给他，并传旨让楚材按照他的意思填写。楚材回奏说："天下是先帝的天下，典章号令是由先帝制定的。你们一定要这样行事，我就不能遵奉了。"

接着，脱列哥那传旨说："奥都剌合蛮奏准的事情，令史若不书写，就将他的手剁掉。"楚材说："军国大事，先帝都委托给老臣了，与令史毫无干系。事若合理，自当遵行；若不合理，我死都不怕，何况剁手呢！"他放大声音，严厉地说："老臣为成吉思汗、可汗皇帝办事三十余年，没有辜负国家的地方。我没有罪，皇后也不能杀我！"脱列哥那闻知，心中很是恼恨，但她顾忌楚材是"先朝勋旧"，不敢加害。

与摄政皇后发生如此尖锐的冲突，楚材心里肯定不痛快。他回到依照燕京旧居样式营造的家中，又见不到 30 年朝夕相处的伴侣，觉得自己就像秋末最后的一株青草，无法让这世界回到生机盎然的时节。

蒙古乃马真后三年（1244）五月十四日，耶律楚材与世长辞了，终年 55 岁。消息传出，倾国悲哀，许多蒙古人都哭了，就像丧失了自己的亲人，和林城因此而罢市，蒙古国内好几天听不到音乐的奏鸣。汉族士大夫们尤为悲戚，他们涕泣相吊，痛失"吾道之主盟"。皇后脱列哥那为了顾全面子，对楚材的逝世也表示哀悼，而且"赙赠甚厚"。

可是，楚材的政敌们并没有因为他的去世而产生恻隐之心。楚材谢世不久，就有人中伤他在久居相位的日子里大肆贪黩，"天下贡奉，皆入私门"。对楚材尚忌恨在心的脱列哥那皇后，当即命令近臣麻里扎前去调查。结果，在楚材的家里，调查者只找到琴阮10余张，以及古今书画、金石、遗文数千卷，没有其他财物。政敌的中伤无害于楚材的严谨操守。

楚材身居要位十数年，对于亲族，他只是将自己的俸禄分发给他们，以表达亲亲之情和敦亲之义，未曾为他们谋求一官半职。有人劝他乘自己大权在握时广布枝叶，培养亲信，一来可以巩固自己的权势，二来可以为不在其位的日子留下后路。楚材说："对于亲戚们，有资财供他们过一种安乐的生活就很好了。我不能废公法而徇私情，何必又让官职带来不能尽亲亲之情的遗憾呢？况且狡兔三窟的伎俩，我耶律楚材绝不为。"楚材的风操和他建立的事功一样，令人景仰。

俱往矣！然而，历史不可抹杀。耶律楚材对中华民族的巨大贡献就在于：当蒙古游牧文明对中原农业文明形成冲击时，他通过卓绝的努力，限制了这种冲击的破坏性。虽然他去世后，蒙古国又经历了十几年的动荡，以儒治国的事业又被延迟。但是，在忽必烈时期，他开拓的事业终于得到了光大。正是在这样的情况下出现了空前统一的"大元"王朝。也是在忽必烈继位以后的中统二年（1261）十月二十日，楚材的遗骸才遵照他本人的遗愿，归葬于故乡燕京玉泉东面的瓮山，这就是现在北京西郊颐和园的万寿山。

耶律楚材的英名将永垂于史册。

耶律楚材生平大事年表

公元 1190 年（金章宗明昌元年） 1 岁

六月二十日，生于燕京。名楚材，字晋卿。为金朝尚书右丞耶律履季子，母杨氏。

公元 1191 年（金章宗明昌二年） 2 岁

父耶律履卒。母夫人杨氏抚育备至。

公元 1202 年（金章宗泰和二年） 13 岁

开始学习《诗》《书》。

公元 1206 年（金章宗泰和六年，蒙古太祖元年） 17 岁

书无所不读，为文有作者气。应制策，所对独优，辟为尚书省掾。同年，铁木真称成吉思汗，建大蒙古国。

公元 1208 年（金章宗泰和八年，蒙古太祖三年） 19 岁

母夫人教授禁中。

公元 1211 年（金卫绍王大安三年，蒙古太祖六年） 22 岁

二月，成吉思汗率军伐金，败金师于野狐岭。八月，又败之于会河川。九月，拔德兴府。哲别入居庸关，抵燕京。

公元 1213 年（金卫绍王至宁元年。金宣宗贞祐元年，蒙古太祖八年） 24 岁

七月，蒙古兵再次伐金。八月，金将胡沙虎弑其主完颜永济。

公元 1214 年（金宣宗贞祐二年，蒙古太祖九年） 25 岁

金宣宗迁往汴梁，设行尚书省留守燕京，楚材任左右司员外郎。是岁，始参万松老人。

公元 1215 年（金宣宗贞祐三年，蒙古太祖十年） 26 岁

楚材围闭燕京，绝粒六十日，守职如恒。五月，蒙古兵攻陷燕京。

公元 1216 年（金宣宗贞祐四年，蒙古太祖十一年） 27 岁

受显诀于万松老人。

公元 1217 年（金宣宗兴定元年，蒙古太祖十二年） 28 岁

成吉思汗授命木华黎经略中原。

公元 1218 年（金宣宗兴定二年，蒙古太祖十三年） 29 岁

春，讹答剌事件发生；楚材应诏赴汗廷。夏，抵怯绿连河畔之大斡耳朵。年底，扈从成吉思汗西征。

公元 1219 年（金宣宗兴定三年，蒙古太祖十四年） 30 岁

夏，随成吉思汗过金山，驻也儿的石河畔；秋，逾阴山，过松关。

公元 1220 年（金宣宗兴定四年，蒙古太祖十五年） 31 岁

蒙古军攻克中亚讹答剌、不花剌、撒麻耳干诸城，花剌子模沙摩诃末逃遁。楚材随大营，编订《西征庚午元历》，提出"里差"概念。

公元 1221 年（金宣宗兴定五年，蒙古太祖十六年） 32 岁

夏，扈从成吉思汗至铁门关，"角端"见，劝班师。冬，长春真人丘处机应诏至撒麻耳干。是岁，子铸生。

公元 1222 年（金宣宗元光元年，蒙古太祖十七年） 33 岁

春，居撒麻耳干。夏，丘处机觐成吉思汗于大雪山南行营，楚材随至。秋，成吉思汗班师。九月，楚材返撒麻耳干。冬十二月，成吉思汗驻跸霍阐没辇，丘处机从。是岁，楚材作《进征西庚午元历表》。

公元 1223 年（金宣宗元光二年，蒙古太祖十八年） 34 岁

居塔剌思，主持屯田。

公元 1224 年（金哀宗正大元年，蒙古太祖十九年） 35 岁

自塔剌思东返。秋，在阿里马城。

公元 1225 年（金哀宗正大二年，蒙古太祖二十年） 36 岁

春，成吉思汗返抵土兀剌河行宫。冬，楚材在高昌，作《辨邪论序》。

公元 1226 年（金哀宗正大三年，蒙古太祖二十一年） 37 岁

春，成吉思汗亲征西夏。五月，楚材至肃州从军，作《糠孽教民十无益论序》。十一月，从下灵武，收集图书、大黄。

公元 1227 年（金哀宗正大四年，蒙古太祖二十二年） 38 岁

七月，成吉思汗于灵州去世。拖雷监国。冬，楚材奉诏赴燕京搜索经籍。

公元 1228 年（金哀宗正大五年，蒙古睿宗监国元年） 39 岁

楚材在燕京穷治"剧贼"；撰《西游录》。

公元 1229 年（金哀宗正大六年，蒙古太宗元年） 40 岁

元旦，作《西游录序》。春末，返漠北。秋，佐窝阔台继位。

公元 1230 年（金哀宗正大七年，蒙古太宗二年） 41 岁

正月，窝阔台接受楚材的建议，诏自此年正月朔日以前事勿问。楚材条陈十八事。七月，从大军渡河。奏设十路征收课税所。

公元 1231 年（金哀宗正大八年，蒙古太宗三年） 42 岁

春，汗廷颁布劝农诏书。秋，十路课税使于云中进陈廪籍及金帛。窝阔台任命楚材为中书令，并以粘合重山为左丞相，镇海为右丞相。楚材奏请地方军、民、财三权分立，遭抵制。

公元 1232 年（金哀宗天兴元年，蒙古太宗四年） 43 岁

蒙古军围攻金南京汴梁。二月，楚材奉旨劝二位兄长北归。孟兄辨才归，留寓真定；仲兄善才投城濠死。

公元 1233 年（金哀宗天兴二年，蒙古太宗五年） 44 岁

正月，金帝奔归德，金元帅崔立以汴京降蒙古。因楚材与郑景贤力谏，汴京得免于屠城。四月，元好问致书楚材，请保护金士大夫。六月，金帝奔蔡。汗廷诏以孔子五十一世孙元措袭封衍圣公。秋，楚材作《苗彦实琴谱序》。冬，汗廷敕修孔子庙。

公元 1234 年（金哀宗天兴三年，蒙古太宗六年） 45 岁

正月，蒙、宋军队联合攻破蔡州，金帝完颜守绪自杀，金亡。是年，汗廷诏括中原户口，楚材奏准以户为户。

公元 1235 年（蒙古太宗七年） 46 岁

蒙古于斡耳寒河上游建和林城，作万安宫。朝议四出征伐，楚材劝阻以回鹘人征南、汉人征西。

公元 1236 年（蒙古太宗八年） 47 岁

春，万安宫落成。三月，蒙古复修孔子庙。七月，失吉忽秃忽完成括户。楚材劝阻裂土分民，制定中原赋税制度，除常赋外，禁止诸王贵臣擅敛。劝止选室女及在汉地拘刷牝马。是年，楚材奏准于燕京设立编修所，平阳设经籍所。

公元 1237 年（蒙古太宗九年） 48 岁

楚材奏准选试儒士；整顿驿站使用制度；陈奏时务十策。十一月十一日，楚材孟兄辨才卒于真定，年 67 岁。

公元 1238 年（蒙古太宗十年） 49 岁

楚材奏准蠲除中原逃户 35 万户之赋税。是年，扑买盛行。

公元 1239 年（蒙古太宗十一年） 50 岁

十二月，奥都剌合蛮扑买中原课税 2.2 万锭。

公元 1240 年（蒙古太宗十二年） 51 岁

正月，汗廷以奥都剌合蛮充提领诸路课税所官。十二月，楚材奏准州郡失盗不获者，以官物偿之。是年，又奏准官民所欠羊羔息，以官银代还，凡 7.6 万锭。

公元 1241 年（蒙古太宗十三年） 52 岁

十一月，窝阔台去世。

公元 1242 年（蒙古乃马真后元年） 53 岁

春，大宗皇后乃马真氏摄政。

公元 1243 年（蒙古乃马真后二年） 54 岁

春，苏夫人卒。乃马真后以储嗣问，楚材劝后遵守先帝遗诏，与后意违。五月，斡赤斤将犯和林，后欲西迁以避之，以楚材言，未动。

公元 1244 年（蒙古乃马真后三年） 55 岁

五月十四日，楚材逝世。

公元 1261 年（蒙古世祖中统二年）

十月二十日，楚材遗骸葬于燕京西郊瓮山。

参考书目

[1] 黄时鉴著，《耶律楚材》，上海人民出版社，1986 年版。

[2][日] 岩村忍著，《耶律楚材》，生活社（东京），1944 年再版。

[3] 韩儒林主编，《元朝史》，人民出版社，1986 年版。

[4] 冯承钧译，《多桑蒙古史》，中华书局，1962 年版。

[5] 韩儒林著，《穹庐集》，上海人民出版社，1982 年版。

[6] 南京大学历史系元史室编，《元史论集》，人民出版社，1984 年版。

[7] 何俊哲等著，《金朝史》，中国社会科学出版社，1992 年版。

[8] 陈垣撰，《南宋初河北新道教考》，中华书局，1962 年版。

[9]（明）宋濂等撰，《元史》，中华书局，1976 年标点本。

[10]（元）脱脱等撰，《辽史》，中华书局，1974 年标点本。

[11]（元）脱脱等撰，《金史》，中华书局，1975 年标点本。

[12][波斯] 拉施特主编，余大钧、周建奇译，《史集》，商务印书馆，1983

年版。

[13][伊朗]志费尼著，何高济译，翁独健校订，《世界征服者史》，内蒙古人民出版社，1981 年版。

[14]札奇斯钦著，《蒙古秘史新译并诠释》，联经出版事业公司（台北），1979 年版。

[15]（元）苏天爵撰，姚景安点校，《元朝名臣事略》，中华书局，2019 年版。

[16]（元）苏天爵编，《元文类》，商务印书馆，1985 年版。

[17]（金）耶律楚材著，《湛然居士文集》，中华书局，1986 年版。

[18]（金）耶律楚材著，向达校注，《西游录》，中华书局，1981 年版。

[19]（金）元好问《元遗山先生全集》，阳泉山庄刻本，（清）道光三十年。

[20]（元）李志常撰，王国维校注，《长春真人西游记》，文殿阁书庄，1937 年版。

[21]（南宋）赵珙撰，王国维笺证，《蒙鞑备录》，文殿阁书庄，1936 年版。

[22]（南宋）彭大雅撰，王国维笺证，《黑鞑事略》，文殿阁书庄，1936 年版。

[23]王国维撰，《耶律文正公年谱》，《湛然居士文集》之附录，中华书局，1986 年版。

[24]张相文撰，《湛然居士年谱》，《南园丛稿》本，1929 年版。

[25]释念常撰《佛祖历代通载》，《四库全书》本。

足智多谋奇书生

李善长

第一章　天下大乱　儒士从龙

一、元失其鹿，天下共逐之

元世祖忽必烈建立的元王朝，经过六七十年的发展，到最后一个皇帝元顺帝妥懽贴睦尔即位时，整个王朝已呈分崩离析之势，灭亡只是个时间问题。

首先是统治集团内部争权夺利，互相残杀。元世祖忽必烈一共做了 34 年皇帝，于至元三十一年（1294）去世。从忽必烈去世到顺帝妥懽贴睦尔即位的元统元年（1333），40 年间就更换了 10 个皇帝。这些皇帝的上台，都是皇室、贵族间各种政治力量经过残杀、角逐而实现的，由此而演出了一场场父子相争、兄弟相斗的血腥闹剧。特别是从致和元年（1328）到元统元年（1333）之间，5 年之中连换了 5 个皇帝。统治集团最高层的争斗，使得元朝的统治机能陷入混乱无序的状态。

其次是政治腐败，贪污贿赂之风普遍盛行。这首先表现在统治者的骄奢淫逸、肆意挥霍浪费上。在权力之争中得势的君臣们，任意挥霍，新君对于拥立他们的贵族滥予封赏，毫不吝惜。国库空虚无钱可赏，就用滥发纸币的办法来补充，于是造成严重的通货膨胀，使广大人民陷于水深火热之中。最高统治者如此，各级官吏更是上行下效，贪污贿赂之风日甚一日。政府公开卖官，高下均有定价；官吏搜刮钱财，花样名目繁多。最甚者是元朝军队的腐化，蒙古贵族的将领都是世袭，到这时唯知贪图享受，沉湎酒色，他们出兵征战，"但以飞觞为飞炮，酒令为军令，肉阵为军阵，讴歌为凯歌"，蒙古铁骑当年横扫欧亚大陆的勇武精神，早已消磨殆尽。

再次是阶级矛盾和民族矛盾的尖锐化。由于元朝是蒙古贵族所建，为了防范统治人数远比他们多得多的广大汉族和其他各族人民，他们实行了严厉的民族压迫和分化的政策，这集中表现在四等人制上。元朝统治者把全国人民分成四等：第一等是蒙古人，地位最高，享有各种特权；第二等是色目人，包括西夏人、维吾尔人和中亚及欧洲的一些人，他们地位仅次于蒙古人，蒙古贵族利用他们来监视和协助统治其他族人；第三等是汉人，包括原来金朝统治下的汉人、契丹人、女真人、高丽人等，他们地位低于色目人，但又略高于南人；第四等是南人，就是处于南宋政权统治下的汉族及当地其他各族人民。这四等人制反映在法律上，汉人犯法由刑部审理，蒙古、色目人犯法则由大宗正府审理，刑部不得过问。蒙古人殴打汉人，汉人不许还手，只能诉于官府，甚至蒙古人打死了汉人，也只罚出"烧埋银"就了事。在科举选官方面，科举考试时对汉人的试题难、要求高、名额少，就是考中以后，汉人、南人所得的官职也是地位很低的杂职，致使汉族士人多无出路。

这种民族歧视和阶级矛盾交织在一起，到元朝末年越发尖锐起来，这从当时各地所流传的民谣中可以反映出来。

如流传于河北地区的民谣云："塔儿黑，北人做主南人客；塔儿红，朱衣人做主人公。"

流传于河南地区的民谣云："天雨线，民起怨，中原地，事必变。"

流传于江淮地区的民谣云："富汉莫起楼，穷汉莫起屋，但看羊儿年，便是吴家国。"

流传于福建地区的民谣云："苇生成旗，民皆流离；苇生成枪，杀伐遭殃。"

黄河南北则流传一首童谣云："石人一只眼，挑动黄河天下反。"

京师流传的童谣又云："一阵黄风一阵沙，千里万里无人家，回头雪消不堪看，三眼和尚弄瞎马。"

这些民谣的流传，反映出当时广大劳动人民已无法再照旧生活下去了，他们期待着变化，人心思反。浙江温州、台州一带村民在自己的大旗上写出："天高皇帝远，民少相公多，一日三遍打，不反待如何！"更是当时阶级矛盾尖锐化的生动写照。整个形势真可谓"山雨欲来风满楼"。

天下大势已是如此，又逢天灾不断，水、旱、蝗灾连年发生，更搅得经济残破，民不聊生。元朝政府不知救灾恤民，反而征发一二十万民工开挖黄河故道，终于导致了红巾军大起义的爆发。

至正十一年（1351）四月，元朝政府采纳贾鲁的建议，任命他为工部尚书兼河防使，总治河防，征调十三路民工15万，开挖黄陵冈南达白茅、西至阳青村的河道，以便使黄河沿故道入海。为了防备发生动乱，元朝又从庐州等地调集2万军队去监视民工。河工从四月兴工，至七月挖成，一共开挖了280里。

元朝政府的这一举动给正在积极筹划起义的"明教"首领韩山童等人提供了机会。韩山童的祖上是栾城人，世代传奉白莲教，他的祖父为此而被元朝政府谪徙永年县（今属河北）。韩山童继承祖父的事业，继续宣传"天下当大乱，弥勒佛下生，明王出世"。因他们信奉的是弥勒佛，也叫作弥勒教或白莲教。又因他们宣传"明王出世"，所以又叫作"明教"。当元朝政府征调大批民工挖河之时，韩山童感到这是鼓动起义的好时机，就按民谣"石人一只眼，挑动黄河天下反"的传说，凿了一个一只眼的石人，并在石人背后刻上"莫道石人一只眼，此物一出天下反"两行字，预先埋在将要开挖的黄陵冈河道里。挖河民工在挖到黄陵冈时，掘出了一只眼的石人，看到石人背上刻的两句话，正和社会上流传的民谣相符，事情顿时在河工中传开了。正好元朝治河的官吏又克扣河工的伙食费，河工们终日劳累却吃不好饭，早已怨气冲天，现在见到掘出了一只眼的石人，顿时人心汹汹，纷纷谋划造反。

五月初三，韩山童和他的信徒、明教的其他首脑人物刘福通、杜遵道、罗文素、盛文郁、王显忠、韩咬儿等聚集3000多人于颍州颍上县白鹿庄，准备起义。为了加强号召力，他们宣称韩山童是宋徽宗的八世孙，当为中国之主；又宣称刘福通是宋朝大将刘光世的后代，辅佐韩山童兴复大业。可是消息不慎走漏了，正当韩山童、刘福通等人杀白马黑牛、誓告天地、准备起兵时，元朝的县官带领着军队前来剿捕。经过一番混战，韩山童被捕遇害，韩山童的妻子杨氏带着儿子韩林儿逃到武安山中隐藏起来。刘福通和杜遵道等人趁乱杀出元兵包围圈，接着他们就拉起队伍，迅速攻占颍州城，元末农民大起义爆发了。由于起义军都以红巾为号，因此元末农民起义又被称为"红巾军大起义"。又因为他们烧香礼拜弥勒佛，所以他们军队也称"香军"。

刘福通攻占颍州后，很快就攻破了元朝屯粮重地朱皋，解决了军粮问题，远近饥民纷纷前来投军，队伍迅速壮大。接着，红巾军在六月攻破罗山、上蔡、真阳、确山，兵锋直指叶县、舞阳。九月，攻下了汝宁府和光、息等县，众至10余万，元兵抵挡不住，贫者从乱如归，声势越来越大。

元朝廷听到红巾军起义的消息后，便命枢密院同知赫厮、秃赤率领6000阿速军，会合各支汉军前往镇压颍州红巾军。阿速军全是由色目人组成，素号精悍，善于骑射。赫厮、秃赤会合河南行省徐左丞一起进兵，但是元朝已经腐败透顶了，这三员统兵将领沉湎酒色，军兵则到处剽掠抢劫，根本不作打仗的准备。等到和红巾军一对阵，赫厮的军马望见红巾军阵容雄壮，便扬起马鞭喊道："阿卜！"阿卜是回语"走"的意思，于是所部不战而溃。后来赫厮死于上蔡，徐左丞被朝廷诛杀，那6000阿速军由于不习水土，病死者过半。后来元朝政府又派平章巩卜班为将，领侍卫汉军会合爱马鞑靼军数万之众，屯驻汝宁沙河岸。但巩卜班也照样日夜沉湎于酒色之中，醉卧不醒。红巾军在晚上夜袭敌营，元军找不到主将，乱作一团，第二天检点夜间被起义军杀死的人，才在死人堆中找到巩卜班的尸体。元军失去主将，便退军数百里，驻扎项城县。

接着元朝政府又派出丞相脱脱的弟弟、御史大夫也先帖木儿率领精兵30

万及带着大批金银布帛等辎重，屯驻沙河，也先帖木儿驻军 2 个月，却不敢出战，一天夜里，军中忽然自惊，顿时乱成一团，也先帖木儿也顾不得自己的职责了，尽弃军资、器械、粮草以及数千车辆，仅收散卒万余人，一气逃到开封城下，驻守开封的文济王不许他入城，他只好屯驻离城 40 里的朱仙镇。后来也先帖木儿回到京师，不但未受惩罚，反而仍任御史大夫。元朝腐败的状况于此可见一斑。

刘福通在颍州发动起义后，各地纷起响应，一时间到处都有红巾军起义的队伍。

至正十一年（1351）八月，萧县民李二和彭大、赵均用等烧香聚众起义，攻占了徐州。李二是邳州人，时逢荒年，他家有一仓芝麻，李二将这一仓芝麻全都拿出赈济穷人，因此人称"芝麻李"。他们攻占徐州后，树旗招军，从之者近 10 万，占有徐州附近各县及宿州五河、虹县、丰、沛、灵璧，向西并有安丰、濠、泗等地，成为江淮一带势力较大的一支红巾军。

在芝麻李起事的同时，罗田县民徐寿辉和麻城人邹普胜等人也烧香聚众，以红巾为号，发动起义。徐寿辉又叫徐贞一，原是一个布贩；邹普胜原是麻城的一个铁匠，他们接受了袁州慈化寺僧彭莹玉的宣传，在至正十一年（1351）八月起兵于蕲水，迅速攻占了蕲水路和黄州路地区，十月，他们共推徐寿辉为帝，以蕲水为都城，国号天完，改元治平，以邹普胜为太师，建立了政权。

此外，在湘汉地区，有以布王三、孟海马为首的红巾军。布王三号北锁红巾军，占有唐、邓、南阳、嵩、汝、河南府；孟海马号南锁红巾军，占有均、房、襄阳、荆门、归、峡等地。

除了以上红巾军起义外，还有不属于红巾军系统的民众起义，这就是至正八年（1348）起兵于台州的黄岩人方国珍和至正十三年（1353）起兵于泰州的张士诚。方国珍后来屡次降元，一直升任为江浙行省左丞相，据有江浙行省的温、台、庆元地区。张士诚后来渡江攻占平江、湖州、松江及常州诸路，改平江为隆平府，建都于此，国号为吴。

刘福通系统的红巾军打退了元朝军队的几次进攻后，立足点稳固下来。到至正十五年（1355）二月，刘福通在砀山夹河找到韩林儿，把他迎到亳州，立为皇帝，号为小明王，国号大宋，建元龙凤，也建立起政权。由于各地起义军的首领多是韩山童传教时的"弟子"，所以龙凤政权建立之后，分散在中原各地的红巾军大都遵奉龙凤年号，接受宋政权的领导。这样，从刘福通在颍州首举义旗之后，各地豪杰纷纷而起，元朝统治陷入土崩瓦解的状态。

二、李善长在群雄中选择了朱元璋

李善长是濠州定远人，字百室。他出生于元延祐元年（1314），少年时代就胸怀大志，并且长于谋事，又读了一些书，特别是对法家的理论感兴趣，在乡里是个知书识礼的人，因而被推举为乡间学校的负责人。他的家乡是元代安丰路濠州的属县，濠州最初称为"豪州"，后来加水为"濠"。唐代曾改为钟离郡，后又改为濠州。濠州阻淮带山，与寿阳同为淮南之险郡。南唐在这里置定远军，宋为团练州，最初隶属淮南路，后来改隶淮南西路。元朝至元十三年（1276）在这里设濠州安抚司，十五年（1278）定为临濠府，二十八年（1291）又复为濠州，下辖钟离、定远、怀远三县。当元末红巾军起义于颍州、攻占汝宁之际，李善长正隐居于县内东山之中，他看到元朝气数已尽、乱阶已成，也想趁此大乱之际施展自己胸中的抱负，但究竟投奔谁，他一时还没拿定主意。不过经过在山中二三年来对天下群雄的了解，他已经感到一个人具有英雄气概，将来有可能得天下，这个人就是朱元璋。

朱元璋是濠州钟离（今安徽凤阳）人，字国瑞。他的先世居住在沛，后来迁徙到句容，再迁徙到泗州，到他父亲朱世珍时又迁徙到濠州钟离县的东乡。朱元璋兄弟四人，他是朱世珍最小的儿子，生于元天历元年（1328），母亲陈氏。当至正四年（1344）朱元璋17岁时，淮河流域发生了大饥荒，他的父亲、母亲、长兄相继病饿而死，家里穷得连块埋葬亲人的土地都没有，多亏邻居刘继祖好心给了一块地，才把父母埋葬了。埋葬了父母之后，饥荒仍在继续，朱元璋的二哥、三哥各自寻找活路去了，撇下朱元璋无依无靠，邻居汪氏不忍心看着他饿死，便把他送进皇觉寺当了和尚。但是大灾之年，寺庙里也缺少食物，朱元璋在当了一个多月的和尚后，便不得不游食四方，淮河两岸，大江南北，安徽各地，光、固、汝、颍诸州都留下了他游食的足迹，三年之后他又回到了皇觉寺。

至正十一年（1351），刘福通首倡义旗之后，各地豪杰纷起，天下大乱。定远人郭子兴见元朝统治已是奄奄一息，便在至正十二年（1352）二月，和孙德崖、俞某、鲁某、潘某五人一起率领豪杰子弟起兵，攻占濠州城，五人据守濠州城，都自称元帅。

当郭子兴起兵时，朱元璋已经25岁了。这时他所栖身的皇觉寺在前一年被元兵焚毁，朱元璋又避兵游食在外，今后将到哪里去安身立命，连他自己也不知道。听到郭子兴起兵的消息后，朱元璋经过占卜，决定去投军，便在闰三月初一这天进入濠州城。朱元璋生得身材魁伟，状貌奇特，他刚到城门口，就被守门人当作间谍抓了起来。恰好郭子兴巡城路过这里，见朱元璋相貌奇特，询问他的来历，知道他是来投奔自己的，非常高兴，就把朱元璋留在帐下，又见他作战勇敢，很快就升他为亲兵九夫长、百夫长，甚见亲爱。

朱元璋生性聪敏，智谋过人，小时候母亲曾教他识过一些字，后来在皇觉寺出家，每天都要诵经，他的文化程度也迅速提高。在郭子兴军中，朱元璋比别人懂得的都多，因此成了郭子兴的心腹，每有攻伐，必召朱元璋参与谋划，每次命他出征打仗，都能得胜而回，遂使郭子兴的队伍越来越壮大。郭子兴为了笼络朱元璋，想把自己的养女马氏嫁给他，就和二夫人张氏商议。二夫人是个极有见识的女人，她对郭子兴说："现在天下大乱，君举大事，正应该收揽豪杰。我看朱某是非常之人，可以一起建功立业，千万不要失去他，以资他人所用。"张氏的话说得郭子兴心里透亮，便把马氏嫁给了朱元璋，这就是后来的孝慈高皇后。由于有了这层关系，张夫人就将朱元璋看作自己的女婿，军中则称朱元璋为"朱公子"。朱元璋也诚心追随郭子兴，每当郭子兴与孙德崖等人产生矛盾时，他都尽心调解。朱元璋回到家乡招兵700人，郭子兴升任他为镇抚。后来朱元璋看到濠州城里诸元帅之间互相龃龉，没有发展前途，便开始谋求独立发展。

李善长身居东山之中，却无时无刻不关注着天下群雄角逐的形势发展。他已经了解到颍州红巾军连败元军的情况，但他以为那是元朝自身腐败所致，不是刘福通、杜遵道智略过人所取得的胜利。他又了解到芝麻李所占据的徐州，已经为元朝丞相脱脱率领大军攻破了，芝麻李被俘送京师，半路上在雄州被脱脱给杀了，彭大和赵均用率其残部奔往濠州，和郭子兴、孙德崖等5人合兵一处，脱脱命贾鲁率元军追击，包围了濠州城。他又了解到濠州城内的情况，郭子兴和同起事的孙德崖等人不和，那四个人每天只想着四出剽掠，郭子兴瞧不起他们，他们就合谋要陷害郭子兴，幸亏朱元璋从中斡旋，才没酿成大祸。可是当彭大和赵均用来了之后就不一样了，孙德崖等人共同推奉彭大和赵均用做首领，他们四人和赵均用关系很密切。郭子兴认为彭大有智略，因而和彭大很亲近，和赵均用关系很疏远。于是孙德崖等人就在赵均用面前说郭子兴的坏话，赵均用一怒，就找个机会把郭子兴抓了起来囚禁在孙德崖家，想找借口杀掉他。当时朱元璋正在淮北，听到郭子兴被囚的消息，星夜赶回濠州城，领着郭子兴的两个儿子诉告于彭大，彭大一听大怒说："有我在，谁敢如此！"便领着朱元璋等1000人到孙德崖家，从地窖中将被铁镣铐着的郭子兴救出来，使郭子兴幸免于难。

李善长还了解到，彭大和赵均用所率部属也多暴横，没有戡乱安民的志向，郭子兴对此十分不满，但无力制止。后来彭大、赵均用又僭称王号，却没出濠州城一步。朱元璋感到在濠州绝无发展前途，便将兵权交给郭子兴，只带24人准备南略定远，攻取滁阳，这使李善长觉得朱元璋确有弘谋远略。他打听到朱元璋在至正十三年（1353）冬已离开濠州南下，便准备在路上迎谒朱元璋。可是他一直等到年关将近，也没见到朱元璋一行人马，后来一打听，才知道朱元璋在半路上因患病发高烧，又返回了濠州城。

至正十四年（1354）正月，朱元璋病稍好些了，便率领徐达、汤和、吴良、吴祯、花云、陈德、顾时、费聚、耿再成、耿炳文、唐胜宗、陆仲亨、华云龙、郑遇春、郭子兴（同名之人）、郭英、胡海、张龙、陈植、谢成、李新、张赫、张铨、周德兴这24名壮士，南下略地定远。一路上他收降驴牌寨3000民兵，说降横涧山义兵元帅缪大亨以下2万多人，军声大震。李善长在东山中听到这些消息，不禁从心眼里往外佩服，他赶紧打点行装，带了几个家人，前去投奔朱元璋。

至正十四年（1354）三月，朱元璋率领这新得的近3万人马，从定远出发，准备攻取滁州。李善长探得大军南进，便在定远至滁州的路上迎候。大军行至近前，李善长迎住前锋黑将军花云，向他说明自己前来投军之意，花云便将李善长引见到朱元璋面前。朱元璋见李善长 40 多岁年纪，眉目慈善，目光有神，又是一身儒者打扮，知是里中长者，便传令大军暂停行进，稍事休息，随后和李善长攀谈起来。

两人交谈之中，朱元璋发现李善长知识丰富，对天下形势很有见地，而且对自己和濠州诸帅的情况都了解，于是便问李善长："天下何时才能安定？"李善长将自己早已考虑好的话和盘托出，说道："秦末大乱，汉高祖起自布衣，豁达大度，知人善任，不嗜杀人，五年而成帝业。现在元政不纲，天下土崩瓦解。明公是钟离人，距沛不远，山川王气，公当受之。效法汉高祖的所作所为，天下不足定也。"听了李善长这一番话，朱元璋顿时觉得如醍醐灌顶、茅塞顿开。他是个聪明人，以往只是觉得局促于濠州城没有发展，因而想南略定远、滁州，独立发展自己的势力，建功立业的想法虽也在心里想过，但是很模糊，现在经李善长一语点破，一个布衣天子——汉高祖刘邦的形象兀立眼前，朱元璋的眼光一下子远了许多，心中也顿时开阔了。

李善长的一席话，使朱元璋有了远大的目标，朱元璋非常高兴，他留下李善长，用掌书记，参与机谋。在两人商议长远大计时，朱元璋对李善长说："你知道群雄之所以失败吗？"李善长回答说："不知道。"这时，朱元璋将自己思考了很长时间的话说了出来，他讲道："这主要是由于仓促之间聚集起来的兵将，难免人人各自为心，大帅和将校之间不能互相信任，不能像肺腑一样互相协力。如要大帅和将校间互相信任，全靠掌管簿书文案之人从中沟通。可是这些人往往市权行怨，毁恶诸将，使下不能得上心，上不能得下力，以致败事。皮之不存，毛又焉附？况且能使持案牍的文士存活下来的又是谁呢？希望今后凡见有行军得失，你都要及时告诉我，调和诸将使大家齐心合力的事情，就全交给你了。"朱元璋这番话颇有见地，李善长听后十分佩服，他觉得自己真是找到了明主，从此以后他尽心竭力辅佐朱元璋，很快就升为参谋。

三、力赞渡江，开创基业

李善长做了朱元璋的参谋以后，忠心耿耿，任劳任怨，为朱元璋和谐诸将、安稽士卒、出谋划策。

朱元璋对自己手下的近 3 万人马进行了整顿，选出精壮 2 万多人，加以严格的训练。在训练中，朱元璋特别注意整顿军纪，他经常和李善长一起巡营，对将士们说："当初你们的队伍人并非不多，却为我所收编，这是什么缘故呢？主要是为将者没有纪律、号令不严，士卒素无训练的缘故。所以我现在要严格训练你们，让你们知道纪律、号令的重要。"他勉励士兵们听从指挥、共同努力、建功立业。经过一段时间的整训，朱元璋的军容十分严整，他便率领这支精壮的队伍南下，在当年七月攻占了滁州。

在滁州，又有很多人投奔朱元璋。每当有新归附来的将士，李善长都亲自和他们谈话，审察他们的才能，然后推荐给朱元璋，使朱元璋能够随材器使，同时向新来的将士们转达朱元璋开诚布公、一体相待的诚意，使他们解除疑虑，安心追随朱元璋。对诸将之间有以力相较、互不服气的，李善长每每曲为调护，化解各方的矛盾，使部队保持团结。由于这样努力地工作，李善长很快就在将士们中树立起威信，成为朱元璋的得力助手。

在滁州期间，朱元璋的侄子朱文正、外甥李文忠都前来投奔朱元璋；又有定远人沐英年方 10 岁、父母双亡，也来投奔朱元璋。朱元璋让夫人马氏好好照料他们，让他们习文练武，后来又陆续有一些贫苦无依的少年投奔到朱元璋名下，一共有 20 多人，朱元璋都把他们当作养子抚育，这些人后来都成为独当一面的大将。

朱元璋攻下滁州之后，又分兵四出，收降沿山结寨自保的各路民兵，势力进一步壮大。这时，在濠州称王的彭大、赵均用因互不服气，多次发生争斗，彭大在冲突中被流矢射中而死，赵均用更专横跋扈，想要挟持郭子兴进攻盱眙、泗州，借机加害郭子兴。朱元璋在滁州了解到这些情况后，派人对赵均用说："大王当年彭城（徐州）战败，前来投奔濠州，是郭公开门迎纳大王，大王才有今日。现在大王不思报德，反听信小人之言，自剪羽翼，失天下豪杰之心，我想大王绝不应做这种事。况且郭公虽易治，可他部下还有强者在滁州，如果鲁莽行事，您会后悔的。"赵均用见使者之言柔中带刚，又听说朱元璋在滁州兵势甚盛，遂不敢加害于郭子兴。后来朱元璋又派人贿赂赵均用的左右，于是赵均用放了郭子兴，让郭子兴率领自己所部万余人来到滁州。郭子兴到滁州后，看到朱元璋部卒雄壮，心中大为高兴。

郭子兴到达滁州之后，朱元璋对他非常恭谨，敕令诸军听从郭子兴的指挥。郭子兴虽然骁勇善战，为人却不宽怀大度，他想据滁州称王，朱元璋劝阻他说："滁州只是一座山城，舟楫不通，商贾来得很少，又不具有山川形势，不是英雄所居。"郭子兴虽然打消了称王的念头，但是心里很不痛快，这时郭子兴周围的人就进谗言，离间郭子兴和朱元璋，郭子兴听信谗言，便疏远了朱元璋，夺了朱元璋的兵权，凡是朱元璋身边得力之人，郭子兴都把他调开了，又听说李善长很能调和诸将，就要把李善长调到自己麾下。

李善长经过这段时间和朱元璋共事，已经认定朱元璋是个雄才大略之主，对郭子兴听信谗言疏远朱元璋的做法非常不满。当知道郭子兴要调自己到他身边去的事后，李善长说什么也不答应。他已经看到在朱元璋率领下队伍兴旺发达的景象，他为郭子兴的做法感到痛心。他也知道其他将领每当带兵出去打仗，便纵容士兵剽掠，回营之后把抢得的东西拣好的送给郭子兴一些，郭子兴就高兴了。可朱元璋带兵出征，严格禁止士兵抢劫百姓，征战有所得就分给部下，所以回营之后就没有东西可以奉献给郭子兴，这也是使郭子兴不满的重要原因。李善长对朱元璋的做法十分赞佩，所以他坚决不离开朱元璋。朱元璋见李善长不到郭子兴那里去，便生气地说："主帅就是我的父亲，你怎么能推辞呢？"李善长只是对朱元璋作揖打躬，就是不肯离去，时间久了，郭子兴也不再勉强，李善长终于留在了朱元璋身边。由于有了这一番波折，朱元璋对李善长更加信任了。后来朱元璋夫人马氏知道了郭子兴生气的缘由，便将自己家中所有的好东西都拿出来，送给了郭子兴的二夫人张氏，张氏很高兴，对郭子兴说了很多朱元璋的好话，郭子兴又逐渐恢复了对朱元璋的信任。

至正十五年（1355）正月，驻扎着四五万大军的滁州城发生了粮荒，为解决兵食问题，朱元璋建议移兵攻取和阳（今安徽和县）。郭子兴采纳了朱元璋的建议，派张天祐、赵继祖、耿再成、汤和等率兵进取和州。中间出现了一些差错，朱元璋又亲自率领徐达、李善长等人领兵攻取和州。攻下和州之后，郭子兴任命朱元璋为总兵，总守和阳。当时诸将皆是郭子兴的部下，互不服气，只有汤和听从朱元璋的号令，李善长便在朱元璋和诸将之间斡旋调护，沟通信任，每当朱元璋布置什么任务，他都督促部下率先完成，特别是在朱元璋用分工筑城的办法计服诸将时，李善长更是出了很大的力。郭子兴的部将多纵容士兵杀掠百姓，滁州人范常已为朱元璋幕府，他进谏朱元璋说："每夺得一座城池都使人肝脑涂地，将来怎么成就大事呢？"朱元璋也看到了诸将士兵掳掠妇女的情况，于是他召集诸将痛加斥责，然后在李善长的帮助下将军中所掳掠来的妇女全都放还民间，和州人民大悦。

至正十五年（1355）三月，濠州城内的孙德崖由于缺粮，率部就食和州，朱元璋见其人多势众，勉强答应让孙军入城。郭子兴闻讯后大怒，率部赶到和州，尽管朱元璋力求缓和矛盾，但双方还是起了冲突，郭子兴抓了孙德崖，可是孙德崖的弟弟抓了朱元璋，结果双方不得不通过交换人质的手段罢兵。没能杀掉孙德崖，郭子兴心中的恶气始终没有出来，他很快就病了，不几天就去世了。

当和州诸将还没稳定之时，元兵 10 万前来进攻，朱元璋用 1 万人守城，同时派奇兵袭元兵之后，元兵屡败，死伤惨重，遂解围而去。但元太子秃坚、枢密副使绊马住、民兵元帅陈埜先各自仍据守着高望、新塘、青山、鸡笼山等处，阻断了和州城的饷道。朱元璋率诸将出击鸡笼山等处元兵，只留下很少一部分兵力由李善长留守，并嘱咐李善长说："敌人来攻，你只要保住城池就行。"元兵侦知朱元璋大军出发了，和州城守兵很少，便发兵前来偷袭，李善长临危不惧，在城外设伏，大败元军。朱元璋击走鸡笼山等地的元军回城后，对李善长大加赞赏说："谁说你仅仅会写写算算，这一仗就是那些执戈打仗的人也比不了你呀！"

当元军围攻和州城时，诸将怕抵挡不住元军的进攻，欲求得外援。恰巧这时刘福通拥立韩林儿为帝，号小明王，建都亳州，国号宋，建元龙凤，遣人招滁、和诸将。郭子兴遂派张天祐去见韩林儿，韩林儿便任命郭子兴为都元帅，张天祐为右副元帅，朱元璋为左副元帅。及至郭子兴病死，又由郭子兴之子郭天叙为都元帅。虽然郭天叙成了主帅，张天祐居第二（元制以右为尊），朱元璋位居第三，但在军中郭天叙和张天祐都缺少谋略，没有帅才，所以朱元璋是事实上的主帅，统领这支大军。

当朱元璋初下滁州、略地至妙山之时，定远人冯国用、冯国胜兄弟前来投奔朱元璋。冯氏兄弟自幼俱喜读书，通兵法，元末结寨自保，投到朱元璋麾下后，因其兄弟二人文武双全，很得朱元璋的信任。朱元璋向他们询问取天下的大计，冯国用回答说："金陵龙蟠虎踞，帝王之都，应先攻下作为根本。然后命将四出征伐，倡仁义、收人心，不贪图子女玉帛，天下不足平定。"朱元璋听了冯国用的话，对今后的战略发展有了一个明晰的目标，李善长对进军金陵的战略目标也非常支持。

和州城地处长江北岸，但城池较小，驻扎时间长了，军粮又成了问题。朱元璋便和李善长谋划，想要渡江南进。李善长在分析了形势之后说："我们现在兵多粮少，又没有舟船，渡江条件还不具备，再稍等待一下。"正在朱元璋和李善长为没有船只渡江而发愁时，巢湖水军派遣俞通海、韩成前来请求归附。朱元璋大喜说："正在谋划渡江，而巢湖水军就来了，真是天助我也。"遂亲自前往巢湖收编水军。

原来，当元末天下大乱时，巢湖人俞廷玉率其三子俞通海、俞通源、俞通渊和赵普胜及廖永安、永忠兄弟等结水寨以自保。元将左君弼据守庐州，巢湖水军与左君弼数战不利，便以舰船千艘、水军万人、粮数万石请求归附朱元璋。五月，朱元璋前往巢湖，廖永安亲自迎接朱元璋于巢湖，他的弟弟廖永忠当时还是个少年，跟在哥哥身后，朱元璋看见他，走上前去拍拍他的肩膀说："你也想取富贵吗？"廖永忠一挺胸脯，响亮地回答说："跟随明主，扫平寇乱，垂名竹帛，这就是我的愿望。"朱元璋非常高兴，把廖永忠好一顿夸赞。将部队整编完毕，朱元璋率领这支精壮的水军出湖口，趁着天下大雨后水涨之际，在马场河打败元朝中丞蛮子海牙所率领的楼船队伍，出到长江，驶到和州。李善长看到这支水军的到来，对朱元璋说道："这真是天助我们，渡江攻取集庆，现在是时候了。"

至正十五年（1355）六月初一，朱元璋率领大军准备渡江。这时朱元璋的部下已经有了好几员猛将，在滁州时，虹县人邓愈和胡大海投到朱元璋麾下；在渡江之前的四月，怀远人常遇春又投到了朱元璋麾下，这几个人日后都成为朱元璋的得力战将。启航了，李善长和朱元璋、冯国用等人乘在一条船上，徐达、汤和、常遇春、邓愈等各率舟师跟随。廖永安请朱元璋指示方向，朱元璋按照事先和李善长、冯国用等人商议好的作战计划，告诉廖永安说："采石是个重镇，元兵守备一定很强。牛渚矶前临大江，敌人难以设防，攻之必克。从这里北取采石，定太平，如此一来集庆就容易攻取了。"于是廖永安升起令旗，率领舟师直奔牛渚矶而来。

元军由水军将领康茂才率领，早已列阵矶上，朱元璋的舟船离岸约有 3 丈远，无法登岸。这时，常遇春驾一艘小艇飞驶而来，距岸还有 1 丈多远时，常遇春飞身挺戈跃上岸去，大呼跳荡，左右奋击，元军不能抵御，纷纷败退，朱元璋大军乘势登岸，麾军进击，元兵溃败，朱元璋军顺势攻克采石。接着，元军沿江诸垒望风迎降，朱元璋大军在南岸站住了脚，渡江成功了。

四、协助朱元璋建立江南政权

李善长跟随朱元璋大军渡过长江，攻下采石，接着，兵锋便指向江南重镇太平。

当初渡江之时，为了鼓舞士气，朱元璋曾向部队宣布：江南十分富庶，攻下城池之后，子女玉帛任从所取。因此，诸军一鼓作气打过了长江。其时诸将以为渡江之后，不过是尽取粮食孳畜、满载而归，再回到和州城中。朱元璋和李善长、徐达等人在渡江之前就已经估计到这种情况，于是朱元璋对徐达说："现在渡江胜利了，就应当乘胜直取太平，如果听任诸军掠取财物以归，再举必难，江东就不会归我所有了。"为了断绝士兵北返的念头，朱元璋下令把全部船缆砍断，把船推向江心。当士兵们看着长江的急流把那些断缆的空船一艘艘冲向下游时，无不感到恐慌。有将士问朱元璋："这是为什么？"朱元璋对将士们说："前面有太平州，子女玉帛，无所不有，如果破此一州，任从所取，然后再返回江北。"李善长和徐达也积极鼓动士兵的士气，大军便向太平进发。

太平地当长江要冲，唐朝时在这里设南豫州，宋代改为太平州，元朝至元十四年（1277）升为太平路，路治设在当涂县，有 7.6 万多户口，44 万多人。当时元朝守卫太平的是平章完者不花，朱元璋指挥大军四面围攻，鏖战良久，方才攻克，佥事张旭逃走，总管靳义跳水自杀，万户纳哈出被俘，后来朱元璋以他是木华黎的后代，在十一月放其北归。

李善长是朱元璋攻取应天的主要支持者之一，还在谋划渡江之时，他已帮助朱元璋确定了进攻的路线和策略，同时也顾虑到将士们如果仍像在江北时那样恣意掳掠，将会失去民心，难以在金陵立足。为解决这些问题，他们一方面用江南富有，以诱发将士们渡江的决心；同时在渡江之后又将渡船全部放走，以示不攻下太平、应天则绝无退路；而且在渡江之前已经事先由李善长拟定禁约，写了很多份，只待进城之后张贴，用以约束部队。

大军攻下太平之后，一些士兵刚想肆意抢掠，忽见帅府吏士已经将不许掳掠的禁约榜文在各个街口张贴出来，将士们看见榜文禁令严肃，凛然不敢违犯。只有一个士兵仍然旧习不改，看见榜文之后又违禁闯入民家，被负责纠察的士兵押至朱元璋处，朱元璋立即命令斩首示众，这样一来，城中立刻安定下来。与此同时，朱元璋则命李善长负责，把富民献来的犒军金帛，分赐给将士。

当朱元璋和李善长等率大军进入太平城时，儒士陶安、李习等率当地父老出迎。过了两天，朱元璋召陶安来和李善长等议论时事，陶安说道："现在四海鼎沸，豪杰并争，攻城屠邑，互争高下。但这些人无非是贪图子女玉帛，取快一时，都没有拨乱救民安定天下之心。今天明公率众渡江，神武不杀，人心悦服。以此顺天应人而行吊伐，天下不足平定。"朱元璋问道："你说得太好了，我想取金陵，你看怎么样？"陶安回答说："金陵乃是古帝王之都，虎踞龙盘，又有长江天险，如能取得金陵，据其形胜，出兵征讨四方，什么地方攻不下来，这真是上天用以资助明公啊！"陶安一席话说得朱元璋大为高兴，便任命陶安参谋幕府，给予很高的待遇。接着，朱元璋改太平路为太平府，任命李习为知府。又设置太平兴国翼元帅府，诸将推朱元璋为大元帅，朱元璋任命李善长为帅府都事，潘庭坚为帅府教谕，汪广洋为帅府令史，命诸将分守各门，修城浚濠，加强守御。朱元璋仍用龙凤年号，旗帜及将士战衣皆用红色。朱元璋在江南的政权粗具规模，李善长在这个政权中则有着举足轻重的地位。

这时朱元璋所取得的太平只是一座孤城，四周都是元军。经过十几天的准备，元军向刚刚站住脚的朱元璋军反扑过来。元中丞蛮子海牙、右丞阿鲁灰以巨舟截采石，封闭姑孰口，截断了朱军的归路。元义兵元帅陈埜先率领康茂才等，率水、陆大军数万人，分路攻到太平城下。朱元璋派出徐达、汤和、邓愈等人迎战，又派出勇将绕出敌后，前后夹攻，大败元军，俘获陈埜先。

七月，朱元璋释放了陈埜先，把他留在太平，命张天祐率军携同陈埜先的降军去攻集庆，由于陈埜先降军不出力，张天祐为元御史大夫福寿所败。八月，朱元璋派徐达等攻取了溧水、溧阳、句容、芜湖等地，打开了一片地盘。九月，朱元璋命郭天叙、张天祐随同陈埜先合军第二次进攻集庆，由于陈埜先叛投元军，朱元璋军再次大败，郭天叙、张天祐全部战死。陈埜先追击到溧阳，为当地民兵所杀。郭天叙和张天祐二人战死之后，郭子兴一系的红巾军将士，就此全部归朱元璋统率。

至正十六年（1356）三月初一日，朱元璋亲自率领大军三攻集庆。大军从太平顺流而下，水陆并进，初三日抵江宁镇，击破陈埜先之子陈兆先的营垒，得降兵 3.6 万人。为使这些降兵能安心跟随自己，朱元璋选其中 500 名健儿作自己的宿卫军士，晚上只带冯国用一人宿于 500 人中，由此取得了陈兆先降军的信任。初十日，朱元璋大军攻破集庆，元御史大夫福寿战死，水军元帅康茂才等投降，朱元璋进城后检点户口，得军民 50 余万。

从攻占太平到占领集庆，朱元璋指挥大军冲锋陷阵，后方供应军粮、安排守城、支援军需等一应事务，大多交由李善长组织一班文官处理。进入集庆后，李善长又协助朱元璋安抚百姓、整编军队，并召集父老听朱元璋讲话。朱元璋对集庆城内的头面人物们说道："元失其政，所在纷扰，兵戈并起，生民涂炭。我今天率众至此，是要为民除乱。希望各位各安职业，不要疑惧。如有贤人君子能跟随我建功立业的，我一定礼用之。旧政有不便于民的，我要废除它。居官之人绝不许贪暴、欺压百姓。"集庆的百姓听了朱元璋的一番讲话，民心很快就安定下来。

第二天，李善长协助朱元璋对集庆路的行政机构进行了改组，改集庆路为应天府，置天兴建康翼统军大元帅府，廖永安为统军元帅，任命赵忠为兴国翼元帅以守太平，置上元、江宁二县。又得儒士夏煜、孙炎、杨宪等 10 余人，都分别安排了官职。

为了确保应天的安全，朱元璋还须发兵攻取镇江。这样，上游的太平、下游的镇江就可以起到屏障应天的作用。为了使诸将养成约束士卒、不许扰民的良好风纪，李善长又帮助朱元璋设了一个计策。有一天，朱元璋借口徐达犯了一点儿小过失，就历数诸将放纵军士害民之事，把这些全部加到徐达头上，下令军正使定罪。军中法令，违令者就要斩首，此事非同儿戏，李善长赶紧上前为徐达求情，朱元璋佯装不许，李善长再三恳求，朱元璋才让徐达保证今后一定要严格军纪，绝不敢再放纵士兵掳掠百姓，这才饶了徐达。这幕戏一演，诸将各自都在心里害怕，无不在心里警告自己，今后可要严格约束士卒了。

三月十七日，徐达率军来到镇江城下，发起进攻，当天就攻克了镇江。临出发之前，朱元璋又叮嘱徐达："你一定要体会我的心，严格约束将士。攻下城之后，不许焚掠，不许杀戮，有违犯命令者，处以军法。放纵士兵之人，必罚无赦。"徐达顿首受命，城下之后，号令严肃，城市之中一如往常。接着，徐达又分兵攻下金坛、丹阳。六月，总管邓愈率邵成、华云龙又攻下了广德路。

七月初一，李善长经过和朱元璋谋划，决定推朱元璋称吴国公。于是由李善长率群臣劝进，确定以元御史台为公府。正好小明王龙凤政权也派人来，授朱元璋为平章政事、右丞相。于是设立江南行中书省，朱元璋自总省事，以李善长、宋思颜为参议。又任命李梦庚、郭景祥为左右司郎中，侯元善、杨元杲、陶安、阮弘道为员外郎，孔克仁、陈养吾、王恺为都事，王涛为照磨，栾凤为管勾，夏煜、韩子鲁、孙炎为博士。接着设立江南行枢密院，以徐达、汤和同金枢密院事；置帐前亲军，以冯国用为总制都指挥使；又置左、右、前、后、中五翼元帅府及五部都先锋；置提刑按察司，以王习古、王德为金事。这样，朱元璋江南政权的各种政府机构就比较齐备了。在这个政府机构中，权力的核心是朱元璋及他所统领的行省机构。李善长和宋思颜、李梦庚、郭景祥等人虽然都是行省同僚，但一切军机进退、赏罚章程等事务，十有八九都要取决于李善长，或者由李善长奏明朱元璋请旨定夺。因此，李善长成为朱吴政权中除去朱元璋以外最重要的人物，对明王朝的建立和明初历史的发展产生了重大的影响。

第二章

从右相国到左相国

一、朱元璋的后方总留守

李善长做了朱元璋江南政权的首席参议，由于当时事业草创，百废待兴，李善长便百般筹划、呕心沥血，为朱元璋事业的发展尽心工作。

当时朱元璋的地盘还小，东有张士诚，西有徐寿辉，北有小明王韩林儿，南面是元朝统治势力比较薄弱的地区。为了发展自己的势力，扩大地盘，朱元璋不断地派兵四出征讨，而每次大规模的军事行动之前，朱元璋都要和以李善长为首的谋士班子详细计议一番。当大军出发之后，则由李善长留守后方，负责应天的防务，供应前方兵员粮饷，处理后方的一应事务。

至正十六年（1356）九月，朱元璋的大将徐达、汤和、常遇春等开始向东发展，徐达和汤和领兵进攻常州，久攻不下，向后方请求增援。李善长根据朱元璋的指示，征调3万大军前往助战，终于在至正十七年（1357）三月攻克常州。于是改常州路为常州府，立长春枢密院，升徐达为金枢密院事，汤和为同金枢密院事，统兵镇守。

至正十七年（1357）二月，朱元璋部将耿炳文自广德进攻长兴，张士诚派其部将赵打虎率3000名士兵迎战，被耿炳文击败。耿炳文率军追至长兴城的西门，赵打虎率残兵败将逃奔湖州，长兴守将李福安和300多艘战船均被耿炳文俘获。长兴地处太湖出口，陆路通广德，与安徽的宣、歙等州接壤，是江浙地区的门户。夺得长兴，就可遏止张士诚向江西发展的势头，因此朱元璋闻讯大喜，改长兴为长安州，立永兴翼元帅府，命耿炳文为总兵都元帅，率兵驻守，从此展开了和张士诚十几年的鏖战。耿炳文率领 7000 名士兵，据守 10 年，以寡敌众，与张士诚部大小数十战，战无不胜，张士诚始终不能越过长兴，一直到最后被朱元璋灭掉。

四月，李善长在应天城门口和朱元璋挥手告别，朱元璋统率大军向江西宁国进发，增援正在那里攻城的徐达和常遇春。原来徐达和常遇春率军围攻宁国，宁国城小而坚，元朝守将别不华、杨仲英等闭城拒守，元帅朱亮祖屡次出城拒战。朱亮祖是六安人，骁勇善战，朱元璋手下勇将常遇春与其交战，尚且受伤而回，所以朱元璋部下没人再敢与之交锋，朱元璋不得不亲自前来督师。在临出发之前，李善长和朱元璋估计到了攻城的困难，造好了很多飞车，又用竹子编了很多屏障，以备攻城之用。朱元璋率大军到达宁国，数路并进，发起猛攻。守将别不华和杨仲英抵敌不住，最后开门投降，宁国被攻下了。元帅朱亮祖也投降了朱元璋，得军士 10 余万，马 2000 匹。

六月，李善长在后方又为攻取江阴做好了准备。分院判官赵继祖、元帅郭天禄、镇抚吴良等统率大军向江阴发起攻击，经过 2 天的战斗，攻克了江阴，朱元璋任命镇抚吴良为分院判官，率兵驻守，不久又派吴良之弟吴祯增兵协守。江阴地当长江要冲，离张士诚的都城隆平府（今苏州）仅 100 多里，是控扼长江的门户，夺得了江阴，就使张士诚的势力不能沿大江而上，不能对应天造成威胁。朱元璋对江阴很重视，告诫吴良说："江阴是我们东南方的屏障，你一定要约束士卒，不要对外交往，不要接纳投降的人，不要贪小利，不要与敌人争锋，只要保境安民就好。"吴良遵照朱元璋的指示，谨修守备，敌人来攻就把它击走了事。

江阴和长兴的攻克，使朱元璋在东线取得了有利地位，张士诚只好采取守势。此后，朱元璋又麾师指向浙东和江西，最后和劲敌陈友谅展开了决战。

如果说朱元璋向江苏、浙东以及江西一些地方的发展还算顺利的话，那么当他转过身来和位居上游的陈友谅较量时，却是遇到了真正的对手。

陈友谅是沔阳玉沙县人，本姓谢，因其祖父入赘于陈家，遂改姓陈。其父普才，是黄蓬的渔民。陈友谅自小就聪慧异常，长大以后膂力过人，优于武艺。徐寿辉起兵时，陈友谅正做县吏，慨然投奔徐寿辉的部将倪文俊手下，当了一名书掾。后来因在战斗中积有战功，最后升为元帅。至正十五年（1355），倪文俊在汉阳大建宫室，迎徐寿辉居住，自己独揽大权，陈友谅心下不平。至正十七年（1357）九月，倪文俊谋弑徐寿辉，事情失败后逃奔黄州，陈友谅乘机袭杀倪文俊，并吞其部众，自称宣慰使，不久又升任徐寿辉的平章政事。至正十八年（1358），陈友谅率兵攻取安庆、池州，又破龙兴、瑞州诸郡，接着派部将康泰、赵琮、邓克明攻取邵武，别遣将攻取吉安，自己则率大军攻取抚州。八月，攻破建昌；九月，攻破赣州。至正十九年（1359）正月，攻破信州；三月，遣将攻取襄阳，又出兵袭击衢州；至正十九年（1359）十二月，陈友谅以江州为都城，迎徐寿辉居住，遂自称汉王。

至正二十年（1360）闰五月，陈友谅挟制徐寿辉攻陷朱元璋上游重镇太平，然后派人刺杀徐寿辉，在采石五通庙称帝，国号为汉，改元大义，仍以邹普胜为太师，张必先为丞相，张定边为太尉。称帝之后，陈友谅遣人约张士诚夹攻应天，企图一举消灭朱元璋，应天城内顿时一片紧张气氛。

朱元璋命李善长召集文臣武将，共谋御敌之策。参加会议的人有的主张议降，有的主张奔据钟山，有的主张先决一死战，战不胜再走也不晚，一时之间众说纷纭，李善长也拿不出个好计策。这时，朱元璋新来的谋士刘基在一旁瞪眼望着朱元璋，一言不发。朱元璋见状，便把刘基请入密室问计。刘基对朱元璋说："主降及奔者应该斩首！"朱元璋问："先生有什么好计策？"刘基说："敌人已经骄气十足了，待其深入之后，伏兵邀击，破敌易如反掌。且天道后举者胜，以逸待劳，何愁不能克敌！取威制胜以成王业，在此一举。"朱元璋听了刘基的话，正中心扉，于是和刘基制定好了作战计划，分头作迎敌的准备。

朱元璋命李善长派人送信给胡大海，让他发兵进攻信州，牵制陈友谅的后方。又命李善长密召指挥康茂才，要用计策让陈友谅尽快前来，所以让康茂才利用和陈友谅是故交的机会，伪称作为内应，让陈友谅分兵三道以削弱其力量。处理完这些机密大事，李善长忍不住问朱元璋："我们现在正为敌人来攻而忧虑，为什么还要引诱陈友谅来呢？"朱元璋见李善长不懂军事和兵法，便对他解释道："如果我们不尽快引诱陈友谅前来迎战，迟延下去，陈友谅一旦和张士诚合兵击我，危害可就大了，我们怎么能支持得了！现在我们只要先击败陈友谅，那么张士诚就会吓破了胆，不敢再来了。"经朱元璋这一解释，李善长才如梦方醒，赶紧去督促各方加紧备战。

陈友谅收到康茂才的书信，大喜过望，信以为真。他问使者："康公现在在哪里？"使者说："在守江东桥。"友谅又问："桥怎么样？"使者回答说是木桥。陈友谅款待了使者，让他回去告诉康茂才："到桥下呼'老康'为暗号。"使者回来告诉了朱元璋，朱元璋高兴地说："贼人入我彀中了！"他命李善长马上把江东桥改造，于是李善长亲自督工，在一夜之间把木制的江东桥改换成坚固的铁石桥，只等陈友谅上钩了。

陈友谅果然按照和康茂才的约定，率大军东下直攻建康，到了江东桥，见桥已全换成铁石，又连呼"老康"而无人答应，方知受骗，在朱元璋各路伏兵的打击下，陈友谅大败而回。徐达率军乘胜收复了太平，胡大海也攻下了为陈友谅军驻守的信州。

至正二十一年（1361）正月初一，李善长在江南行中书省的公署中，安设好了供奉小明王的御座，朱元璋准备率领文武群臣行庆贺礼。典礼开始了，朱元璋行了礼，李善长行了礼，徐达、常遇春、邓愈等一干文臣武将也都行了礼，这是红巾军遵奉小明王号令的一个表示。但是，新来的谋士刘基拒不行礼，李善长劝说了刘基两句，刘基反倒指着小明王的牌位说："他不过是个放牛娃子，供奉他有什么用！"朱元璋见状，又把刘基召入内室商谈，刘基便再一次跟朱元璋陈说天命之所在。原来，当去年三月刘基刚来时，已经向朱元璋提出"时务十八策"，朱元璋向他询问征取大计，刘基回答说："张士诚是个仅能自守之人，不足为虑。倒是陈友谅现在正劫主胁下，又据我上游，应该先消灭他。只要灭掉陈友谅，张士诚就孤立了，一举即可平定。然后挥师北伐中原，王业可成。"朱元璋听后大喜，对刘基说："先生只要有好计策，一定要尽心教我！"朱元璋由此而对刘基非常尊敬，称其为"伯温老先生"。现在刘基再次陈说天命，朱元璋深为感动。于是朱元璋和刘基、李善长等人一起商讨西征陈友谅的大计，以及后方如何保证前方供应等项事务。外面大年初一的宴会还未开始，密室里朱元璋平定天下的大计已经成形了。

至正二十一年（1361）三月，朱元璋改枢密院为大都督府，任命侄子朱文正为大都督，节制中外诸军事，参议宋思颜参军事。但是由于大都督府事务冗杂，四月，朱元璋又任命李善长兼领大都督府司马，同时又晋爵为行省参知政事，李善长的担子更重了。当时兼任行省平章、左右丞的人如徐达、常遇春、汤和、邵荣等人，皆为战将，经常统兵在外东征西讨，而李善长作为后方总留守，以参知政事的身份实际掌管着朱元璋江南行中书省的各项事务。自此以后，朱元璋指挥大军按照平定天下的征讨大计行事，攻克江州，两平洪都，援救安丰小明王，征讨庐州左君弼，与陈友谅大战鄱阳湖，展开了一系列的军事行动。每次大军出师，李善长都将出征将士送出城外，然后回到行中书省公署、征调粮草、安排运输，保证大军供给；处理民政事务、巩固后方秩序、加强应天防务。由于李善长处置有方，后方将士帖服，民心稳定，使朱元璋的大军有一个稳定的后方，为朱元璋平定天下做出了不可磨灭的贡献。

二、西吴政权的右相国

元至正二十四年（1364）正月初一，李善长经过和徐达等人的谋划，拥奉朱元璋即吴王位。建百官，置中书省左右相国，以李善长为右相国，徐达为左相国，常遇春、俞通海为平章政事。立朱元璋长子朱标为世子，仍以龙凤年号纪年，所下教谕均称"令旨"。这时，江南地区出现了两个吴政权。张士诚在至正二十三年（1363）九月已自称为王，改国号为"吴"，在苏州大建宫室，设置官属，因其地处东南沿海，被称为"东吴"。3个月后，朱元璋所建立的"吴"国，因地处东吴之西，被称为"西吴"。

西吴政权的建立，是形势发展的需要，是为了和张士诚对峙的结果。

在元末群雄割据中，称王称帝者非止一人，但能立得住脚的还没有。当年朱元璋攻浙东时，由宁国取道徽州，召休宁老儒朱升询问平天下之大计，朱升回答说："高筑墙，广积粮，缓称王。"朱元璋听后非常赞同，所以他虽起兵十几年了，却还一直没有称王。李善长作为朱元璋最重要的一个谋士，自然希望朱元璋尽早称王称帝，自己和这些文臣武将也好跟着飞黄腾达，所以他时刻注意着群雄的动向和天下的形势。

在李善长看来，此时天下能成气候者也只有朱元璋了。刘福通拥立的小明王在去年年初受到张士诚的围攻，刘福通被杀，小明王被朱元璋救出后安置在滁州，实际上成了朱元璋手中的玩物。陈友谅虽号称劲敌，但经过前一年七、八月的鄱阳湖决战，陈友谅已死，陈友谅的太子被擒，次子陈理虽逃回武昌又称帝。但在至正二十三年（1363）九月间，朱元璋的大军就将武昌团团围困，汉的灭亡只是时间问题。张士诚虽已自封为王，但用刘基的话说：只不过是自守之虏，连他都敢称王，朱元璋就更应该称王了。于是李善长联络徐达等人，屡次上表劝进。朱元璋起初还推辞说："现今戎马未得休息，创夷未得恢复，人心还未大定，天命也难保非我莫属。如果现在马上就称王，恐怕为时太早，等到天下大定时，再称王也不迟。"可是由于李善长等人的再三请求，朱元璋终于同意即吴王位，于是李善长便开始筹备称王的一应事务。

还是在鄱阳湖之战刚刚结束，朱元璋于九月六日回到应天，李善长指挥行中书省的大小官员，为朱元璋举办了论功行赏的庆功大会，常遇春、廖永忠等人都受到奖赏。李善长和徐达乘机提出劝进吴王，朱元璋同意了，将一应筹备之事委托李善长处理。10天之后，朱元璋再命李善长、邓愈留守应天，自己率领常遇春、康茂才、胡美等亲征陈理于武昌。十月六日，朱元璋大军开到武昌城下，马步舟师水陆并进，命常遇春分兵于四门，立栅围困，又将江中的舟船联为长寨，断绝了武昌城和外界的联系。围困了2个月，武昌城未下，朱元璋不得不赶回应天，以便举行即吴王位的典礼。

十二月十九日，朱元璋回到应天，李善长率领百官出城迎接，为朱元璋接风洗尘，并汇报了典礼筹备的情况。二十三日，李善长和徐达陪同朱元璋在鸡笼山举行了阅兵仪式。看着威风凛凛的军队，朱元璋满意了。至正二十四年（1364）正月初一，称王典礼如期举行，李善长被朱元璋任命为右相国，成了朱元璋下面官位最高的政府首脑。因为这时所采用的仍然是元朝的制度，元朝是以右为尊，所以右相国地位最高。

李善长做了右相国以后，事情更多了，担子更重了。为了使政府各部门都能切实地负起责任，朱元璋经常嘱咐李善长把事情办好。称吴王后不久，朱元璋对李善长、徐达等人说："建国之初，首先要端正纲纪。元朝昏乱，纪纲不立，以致主荒臣专，威福下移，因此法度不行，人心涣散，遂致天下骚动。现在我们的将相大臣，应该以此为鉴，协心图治，千万不要苟且因循，徒取充位而已。"又有一次，朱元璋说："礼、法，乃是国家的纪纲，礼法制定好了民情也就安定了。建国之初，这是最先应该办理的事。我过去起兵于濠梁，看见当时的主将都没有礼法，恣情任私，纵为暴乱，这是由于他们不懂驭下之道，所以最后都灭亡了。现在我所任用的将帅，皆为同功一体之人，从他归心于我那天起，就和他确定了名分，申明纪律，所以都能听从号令，没有敢怀有二心的。你们作为我的辅相，一定要遵守此道，千万不要谨于始而忽于终！"李善长听从朱元璋的告诫，勤恳工作，所以《明史》上称赞他"明习故事，裁决如流，又娴于辞命"。

至正二十四年（1364）二月，朱元璋又命李善长留守应天，自己再往武昌督师围攻陈理。二月十九日，陈理在外面救兵被击败的情况下，走投无路，肉袒衔璧，到朱元璋军前投降。经过 6 个月的围困，汉政权终于灭亡了。朱元璋严申号令，士卒不敢随意进入城市，城中一切安然如故，又发米赈济饥困的百姓，召其父老进行抚慰，民大悦，于是汉、沔、荆、岳诸郡县相继向朱元璋投降。朱元璋把陈理带到应天后，封他为归德侯，后来又安置到了朝鲜。

汉亡之后，李善长率领群臣上表称贺，同时列上在鄱阳湖决战中牺牲的将领名单，朱元璋命于湖中的康郎山建忠臣祠，岁时祭祀。在康郎山忠臣祠受祭的有丁普郎、张志雄、韩成、宋贵、陈兆先、余昶、昌文贵、王胜、李信、陈弼、刘义、徐公辅、李志高、王咬住、姜润、石明、王德、朱鼎、王清、常德胜、王凤显、丁宇、王仁、汪泽、王理、陈冲、裴轸、王喜仙、袁华、史德胜、常惟德、曹信、逯德山、郑兴、罗世荣、程国胜，一共 36 人。李善长又列上在防守洪都（今南昌）时牺牲的将领名单，朱元璋命于南昌府建忠臣祠，岁时祭祀。在这里受祭的有赵德胜、李继先、许珪、赵国旺、牛海龙、张子明、张德山、夏茂成、徐明、朱潜、刘齐、朱叔华、赵天麟、叶琛、万思诚，一共 15 人。

　　至正二十五年到二十六年（1365—1366），朱元璋的大将徐达和常遇春等连克张士诚淮东诸郡，李善长在后方为之转输粮饷。淮东诸郡县平定之后，七月，朱元璋召中书省及大都督府的臣僚商讨征讨张士诚的作战方略。李善长对朱元璋说："张士诚早就应该讨伐了，但他现在势力虽然受到削弱，兵力却未受多大损害，再加上他土沃民富，又多有积蓄，恐难猝然攻克，最好待机而动。"朱元璋说："张士诚已淫昏更甚，又生衅不已，现在不除，终为后患。况且他疆域越来越小，长淮东北之地已皆为我有，我以得胜之师进攻他，何愁不胜！再说他败形已露，还用等待什么机会呢？"左丞相徐达赞成朱元璋说："张士诚骄淫，暴殄奢侈，这正是天要灭亡他。他所任用的骁将，如李伯升、吕珍之徒，都龌龊不足数，只是拥兵自重，作为富贵的一种玩乐而已。他居中用事的3个参军黄、蔡、叶，都是迂阔的书生，不知大计。臣奉主上威德，率精锐之师，声罪致讨，三吴可以计日而定。"朱元璋听了徐达的话非常高兴，说："那些人都局限于自己所见，只有你的想法合我之意，大事必能成功。"于是朱元璋没有采纳李善长的建议，他命左相国徐达为大将军，平章常遇春为副将军，率领20万大军征讨张士诚。

　　李善长由于在议论军机大事时，见识不高，计策没有被朱元璋采纳，因而他总想有所补救，以挽回自己的形象。至正二十七年（1367）七月，当张士诚已被围困，俨然已是瓮中之鳖时，李善长乘机上表，敦请朱元璋早正大位，以承天命。他要通过劝朱元璋即帝位来巩固自己的地位。李善长说道："殿下提三尺剑，没有尺寸土地，却成就如此大业，四方同起兵的群雄，已被铲削将尽，不以此时正位号，何以慰海内心！"朱元璋推辞道："自古以来的帝王，虽然知道天命已归于自己，但仍然谦让，要等待有德之人。我平时常笑陈友谅，刚刚得到一块地盘，就黄屋左纛，妄自尊大，最后只是加速了灭亡。我岂能重蹈他的覆辙，令后人也笑我？如果天命果真在我，自然会有时机，现在还不用着急。"尽管朱元璋口头上没有答应称帝，但他早已在做称帝的一应准备了。从至正二十六年（1366）以来，他让李善长先后组织兴建了圜丘、方丘、社稷坛、太庙，到至正二十七年（1367）九月底，新修的内三殿——奉天殿、华盖殿、谨身殿以及文楼、武楼、乾清宫、坤宁宫均已落成。称帝的准备已基本就绪。

同时，在至正二十七年（1367）九月，平江被攻破，张士诚被俘。张士诚在被押送应天途中，已经开始绝食，到了龙江，坚卧不起。进入应天，士兵把张士诚抬到中书省，李善长问他话，他也不答应，后来虽然张口说话，却出言不逊，李善长为此很是气恼。后来张士诚到底自缢身亡，朱元璋还特赐了一口棺材，把他埋葬了。

江南的对手全部扫平了，诸路将领凯旋至应天，朱元璋出御戟门论功行赏。李善长由于有转运粮饷、保证军需的功劳，被朱元璋封为宣国公，赏赐和大将军徐达一样多。徐达被封为信国公，常遇春被封为鄂国公，其余诸将也都分别被加官晋爵，赏赐很多金帛。

三、朱元璋的经国名臣

　　李善长之所以特受朱元璋眷顾、屡受上赏，最主要的原因就是他有经济才干，能够既保证四出征讨的大军粮饷不缺，又使百姓不至于因为苛敛繁重而不堪忍受乃至激化阶级矛盾，影响后方的安定。在元末群雄割据之际，谁能有充足的粮饷和稳固的后方，谁就能在群雄角逐中立于不败之地。从朱元璋和陈友谅的鄱阳湖决战中就可以看出这一点。陈友谅率 60 万大军、载着百官家属，空国而来进攻朱元璋，到最后在鄱阳湖相持时就因粮草接济不上，内部发生分裂，最后被朱元璋击败。而朱元璋有李善长为他经营后方，粮草从未缺乏过，又在大战刚刚开始不久就派徐达回去防守应天，所以朱元璋的军队才坚持到最后打败陈友谅。这里，后方补给的充足与否，成为双方胜负的一个重要因素，这也就是朱元璋每次都把李善长列为功臣之首的缘故。

　　李善长为朱明王朝的建立尽心谋划，充分发挥了他的经济才干和治国本领，对明王朝的建立有巨大的意义。

　　李善长的经济才干主要表现在整顿盐法、茶法、钱法、铁冶及包括鱼税在内的各项税收上。

　　至正二十一年（1361）二月，朱元璋打退了陈友谅对应天的进攻后不久，李善长就开始着手设立盐茶课，允许商人四处贩运，政府据以征税，用以补充军饷。接着，又设置宝源局，定钱钞法。这个时候所设立的盐茶课，是由行中书省在各地置局设官，鼓励商人贩运盐、茶，政府征收二十分之一的税额，作为军费的来源之一。

中国古代自从汉代以来，盐、铁都是由官府经营。食盐的产地有两淮、两浙、河间、山东、福建、河东、陕西、广东、四川等地区。各地所产的盐也不一样。河东解州之盐，是风水所结；陕西宁夏之盐，刮地皮熬煮；淮、浙所产的盐，是熬水得之；四川、云南之盐，打井煮水成盐；福建、广东之盐，聚积卤水熬制；淮南之盐用火煎；淮北之盐用太阳晒；山东之盐，既有煎也有晒。商人则交钱给政府，从政府领得盐引，领盐贩运到各地以谋利。

茶是从唐代以来才开始广为流通的商品，唐德宗时设立榷茶使，政府开始对茶叶征税。当时茶叶主要是运往边疆少数民族地区。边疆少数民族以游牧生活为主，食肉饮酪，饮茶可以帮助消化，因此茶叶成为边疆少数民族喜爱的饮料，唐、宋政府就用茶和少数民族交换马匹，这就是古代的茶马贸易。李善长所制定的茶法，也就是商人在产茶地区买茶时，要向官府交钱领取茶引，每引茶百斤，交钱二百，不足一引的称为畸零，另给由帖。没有由、引或者茶和引相脱离的，许人告发、官府抓捕。政府在各地设有茶局批验所，检查有茶和引不相合者，就以私茶论处。凡是贩运私盐和私茶的，官府都要治罪，严重者要处以死刑。

　　至正二十一年（1361）李善长所设立的盐茶课，还只是整个明代盐、茶法的雏形，它的重点在收税以补充军费。初设时税额为二十取一，到第二年又加重税额，盐税为十分而税其一，其他物品为十五分税一，并在各关津路口设关市批验所，派官员负责征税事宜。后来由于税额太重，商人多望而生畏，裹足不前，因而影响了商品流通。至正二十三年（1363）闰三月，处州总制胡深建议说："关市征税，旧例是二十取一，现在令盐货十取其一。税额过重，则商贩不通，军需物资因而缺乏，况且也使江西、浙东地区的民众吃不起盐。另外，其他物品十五分取一，恐怕也稍重。请仍然用过去二十取一的办法。"朱元璋将胡深的建议转交给李善长，李善长感到胡深的建议有道理，便奏明朱元璋，又恢复了二十取一的老办法。

　　至正二十四年（1364），陈友谅已被消灭，朱元璋辖境内的经济形势大有好转。四月，李善长又根据朱元璋的指示，将商税改为三十而取一，并将在京城的官店改为宣课司，府、州、县的官店改为通课司。为防止商人作弊，欺诈百姓，又命令在京的兵马指挥掌管市场管理，每隔三天校勘一次市场上的度量权衡；在外地，掌管城门兵马的官员也兼管市场管理。

　　此后，随着辖区范围的不断扩大，官营盐场的范围也不断增加。至正二十六年（1366）二月，置两淮都转运盐使司，李善长根据淮盐产地的分布情况，设官管理，设了三个分司：泰州、淮安、通州；设了两个批验所：仪真、淮安；初时辖29个盐场，后为30，各盐课司一。至正二十七年（1367，吴元年）二月，在杭州设置了两浙都转运盐使司。李善长又根据情况设立了 4 个分司：嘉兴、松江、宁绍、温台；设了 4 个批验所：杭州、绍兴、嘉兴、温州；下辖 36 个盐场，后为 35 个，各盐课司一。到全国统一以后，各产盐地区均设官管理，一共 6 个都转运盐使司：两淮、两浙、长芦、山东、福建、河东；在各地负责征税的盐课提举司有 7 个：广东、海北、四川、云南，其中云南有四个提举司：黑盐井、白盐井、安宁盐井、五井。另外在陕西灵州设有一个盐课司。李善长对官营盐业的整理，在战争年代为支持讨平群雄的征战提供了经济保障，在全国统一后成为政府的一项大宗财源。

李善长对钱法的整顿也是从至正二十一年（1361）开始的。在这年二月设立盐茶课后没几天，便在应天城里设置了宝源局，定钱钞法。经过和朱元璋的研究，李善长督使宝源局铸"大中通宝"钱，与历代以来的铜钱一并通行。大中通宝钱以四百文为一贯，四十文为一两，四文为一钱，看来这种钱是比较薄，和唐以来制钱十文为一两相比，质量肯定差一些。平定陈友谅以后，李善长又奏请朱元璋批准，在江西行省首府洪都设三个货泉局，局设大使、副使各一人，颁大中通宝钱大小五等钱式，由货泉局铸造流通。货泉局铸造的铜钱大致应和朱元璋称帝后颁行的"洪武通宝"钱相仿，一共分为五等，为"当十""当五""当三""当二""当一"。当十钱重一两，当一钱重一钱。这种钱和唐以来流行的制钱就基本相一致了。后来各行省皆设宝泉局，与宝源局共同铸币，严禁民间私铸。钱币的铸造，对于促进商品流通、恢复经济发展、保证军需物资的供应等，都发挥了重要的作用。

由于统一战争需要铸造大量兵器，至正二十四年（1364），李善长又奏请朱元璋说："湖广行省所属之州县，过去有铁冶。现在正是用武之际，没有铁就无法保证军器供应，请兴建冶铁炉以备炼铁铸造。"朱元璋批准了这个建议，于是李善长又派人着手恢复湖广地区的冶铁业。此后随着统一战争的胜利进展，全国各地的冶铁所逐步恢复，到朱元璋即位后的洪武六年（1373），全国各地正式设立冶铁所达到13处，计有江西进贤、新喻、分宜，湖广兴国、黄梅，山东莱芜，广东阳山，陕西巩昌，山西吉州有两处，太原、泽、潞各一处。这些冶铁所每年生产铁746万多斤，这对保证战争年代的兵器供应、统一后经济的恢复和发展提供了重要的物资保证。

在李善长着手恢复发展经济的过程中，对于税收务从简约，但也沿袭了很多宋元以来的税收项目，湖广鱼税就是其中一项。在平定陈友谅之后不久，朱元璋对李善长说："陈友谅用普颜不花提调湖池鱼课，现在我们得到了湖广，可仍用普颜不花为应天府知府，兼提调鱼课。他手下原有湖官300余人，仍旧按原来的职名征收鱼税。"李善长根据朱元璋的旨意，和负责征收鱼课的河泊所官员详细勘定丁鱼税的数额，目的是裁取有度，使民众不致感到负担过重。同时他又按照朱元璋的指示，每年定期派官员核查税收的情况，严防贪官污吏欺压百姓、中饱私囊。后来普颜不花就是由于被查出亏欠税收，朱元璋怀疑他入了自己的腰包，和湖官一同被罚去做筑城的苦役。

总之，在朱元璋与群雄角逐的战争年代里，李善长以其卓越的经济才干，为朱元璋的大军提供了充足的粮饷和军需物资的供应，由此而使朱元璋能一个一个地打败对手，最后建立起明朝。对于李善长的这一功绩，朱元璋心里了解得最清楚，所以每次论功行赏，李善长都排在领兵东征西讨、战功赫赫的大将军徐达的前面。

四、吴王的左相国

李善长和徐达等文武百官在至正二十四年（1364）已拥奉朱元璋即吴王位，但仍以龙凤纪年，说明这时朱元璋仍然尊奉韩林儿为帝。两年过去了，朱元璋的势力已经遍及江南，张士诚困守平江，很快就要灭亡了，吴王朱元璋已开始考虑称帝的问题了。

至正二十六年（1366）十二月，朱元璋派廖永忠前往滁州，准备迎韩林儿到应天。韩林儿和他母亲杨氏等一干人，高高兴兴地登上了船，准备过江。船行至瓜步，忽然翻了船，韩林儿与其母都淹死在江里。朱元璋称帝的障碍消除了，于是宣布以第二年（至正二十七年，1367）为吴元年。

为了笼络民心，吴元年的正月，朱元璋对李善长等中书省官员说："太平、应天诸郡，是我创业之地，民众供应军需最为劳苦。过去军中缺粮的时候，空腹出战，回来后给吃一顿饭，虽然很粗粝，吃起来却很香甜。现在我位居民上，饮食丰美，但我从没忘记当年的情景。何况我的这些百姓居于田野，所业有限，而又供需百出，怎么能承受得了！"李善长理解了朱元璋的意思，3 天之后传令：免太平租 2 年，应天、镇江、宁国、广德各 1 年。

七月，李善长率百官劝进，朱元璋觉得时机还不成熟，没有同意。

九月，因为平定了张士诚，李善长、徐达、常遇春和各级将领均受到封赏。朱元璋对李善长和诸将说道："灭汉灭吴，全靠诸位之力，虽古之名将，也不会超过你们。现在则还需北定中原，诸位还须努力进击。"第二天，李善长和徐达率文臣武将入宫谢恩，朱元璋又问道："你们回家之后，也曾置酒为乐吗？"众人回答："承蒙吴王恩典，置酒为乐了。"朱元璋接着说道："我也想和诸公为一日之欢饮，只是中原未平，还不是高兴的时候。你们不见张士诚吗？终日酣饮，最终灭亡，应该引以为戒！"朱元璋及时地向他的文臣武将敲起了警钟，要求大家不要忘记北定中原、一统天下的大业。

十月，朱元璋对礼仪进行了改革，原来沿袭元制以右为尊，现在改正过来，命百官礼仪俱尚左。于是以右相国李善长为左相国，徐达为右相国。

在宣布以左为尊的同时，又定国子学官制，以博士许存仁为祭酒，刘承直为司业；改太史监为太史院，以太史令刘基为院使；又设置了御史台，以汤和为左御史大夫，邓愈为右御史大夫，刘基、章溢为御史中丞，但刘基仍兼太史院使。

官制确定之后，朱元璋再次对群臣说道："我以布衣而起兵，当时李相国与我相邻最近，徐相国及其他诸位大将，远者也不过百里。当时谁也没有想到富贵，现在靠大家齐心合力，已经占有天下大半了。但是，中原还没有平定，还须劳心费力，不能坐守一方而没有远虑呀！"听了朱元璋这番语重心长的话，文武百官不免又感到肩头担子的沉重。下朝之后，李善长赶紧和大将军徐达商议如何北伐、如何平定东南等一应大事，他们商议确定之后，便奏明朱元璋，准备择日出师了。

十月十一日，朱元璋命平章汤和为征南将军，都督府佥事吴祯为副，开赴庆元征讨方国珍。

十月十八日，朱元璋和李善长、徐达等商讨北伐战略。当时元朝的形势已是四分五裂。山东有王宣和王信父子据守；河南有扩廓帖木儿专横跋扈；关、陇有李思齐、张思道拥兵，互相钩心斗角。朱元璋问徐达和常遇春，怎样进兵才能取胜。常遇春说："现在南方已经平定，兵力有余，应该直捣元都。用我们经过百战之师，去迎战元朝散漫的士兵，就是拿着竹竿去也可以打胜仗。只要攻下都城，就可势如破竹，乘胜长驱，其余就可建瓴而下了。"朱元璋不赞同常遇春的做法，他说："元朝建都已有百年，城守一定牢固。如果孤军深入，不能马上攻下，就会顿兵于坚城之下，粮饷一旦接济不上，援兵四集，进不能战，退无所据，对我们将非常不利。我想应该先取山东，撤其屏蔽；然后麾师河南，断其羽翼；再攻下潼关而把守，占据其门户。这样，天下形势在我掌握之中，然后进兵元都，那时元朝是势孤援绝，不战可克。克其都城以后，再进军云中、九原以及关、陇，就可席卷而下了。"李善长和徐达等人都赞成朱元璋的战略部署，北伐方略最后敲定了。

十月二十一日，中书右丞相、信国公徐达受命为征讨大将军，中书平章政事常遇春为副将军，率领25万大军出师北伐。同时，中书平章政事胡廷瑞受命为征南将军，江西行省左丞何文辉为副将军，自江西取福建，湖广参政戴德随军南征，参议军事。又命湖广平章杨璟、左丞周德兴、参政张斌率兵取广西。出发之前，李善长为朱元璋和诸将在应天北门七里山安排了出征仪式，祭祀了上下神祇。朱元璋对北伐诸将说道："你们诸将并非不善作战，但是持众有律，没有人能比得上大将军徐达；面对百万之众，冲锋陷阵、所向披靡，则要数副将军常遇春……现在由徐达挂大将军印，进取必自山东始。遇春领前锋印，长驱北进。敌强就和冯宗异分别进击。诸将如薛显、傅友德，都勇略冠军，均可独当一面。"朱元璋又对胡廷瑞说："你原跟从陈友谅，曾进攻过福建，知道那里的山川险要，所以派你出征。何文辉和戴德都是我的旧人，但不可以旧人而废法令。"朱元璋接着对杨璟说："我命胡廷瑞取福建，福建一平就航海直趋广东。你率荆湘之众进取广西，两军合势，什么样的敌人不能打败！"最后，朱元璋对全体出征将士说道："克城之后不许乱杀人，不许夺民财物，不许毁坏民居，不许损坏农具，不许杀耕牛，不许掳掠子女，获有遗孤幼孩要给还百姓。"

仪式结束之后，李善长陪同朱元璋，目送着各路大军浩浩荡荡地出发了。

二十二日，李善长又选派官吏，护送朱元璋的世子朱标、次子朱樉到临濠，祭扫祖先坟墓。凡是途中所经过郡县的山川城隍之神，也都祭以少牢之礼。

送走了这一应出征之人，李善长又开始和中书省官一起修定律令，这是朱元璋在十月十一日布置给李善长的任务。为了将来治理国家的需要，朱元璋命中书省定律令。总裁官是左丞相李善长，参加修定的议律官有参知政事杨宪、傅瓛，御史中丞刘基，翰林学士陶安等。还有右司郎中徐本，治书侍御史文原吉、范显祖，经历钱用任，监察御史盛原辅、吴去疾、赵麟、崔永泰、张纯诚、谢如心，大理寺卿周祯，少卿刘维敬，评事陈敏、孙忠，按察使李祥、潘黼、滕毅，金事程孔昭、傅敏学、王藻、逯永贞、张引、吴彤等一干人等。李善长检查了这些人的工作进展情况，再次转达了朱元璋的意见："网密则水无大鱼，法密则国无全民，诸卿一定要慎重行事。"到十二月二日，律令修定成功，共有285条，朱元璋命李善长颁行天下。后来，朱元璋又命李善长召集儒臣作《律令直解》，以便使人人都能通晓律令，官吏也就不能因缘为奸。《律令直解》很快也修好了，朱元璋也命颁行天下。

随着北伐大军和东南诸将的节节胜利，朱元璋登基称帝的一应准备工作已基本就绪。宫殿、太庙已经落成，官制已经建立，律令已经修定颁行，北伐南征形势顺利，该奏请吴王称帝即位了。十二月十一日，中书左丞相李善长率领百官奉表劝进，朱元璋假意推辞不许，他是在仿效古人三推三让的礼节。第二天，李善长再率群臣奉表劝进，朱元璋又推辞了。直到第三次奉表劝进，朱元璋才答应即位称帝。同时又说："这是大事，应该斟酌礼仪而行。"于是，李善长又征集儒士们制定即位的一应礼仪，在十二月十九日上奏朱元璋。

十二月二十二日，李善长主持了朱元璋御新宫、祭告上帝皇祇的仪式。朱元璋祝告昊天上帝道："惟我中国人民之君，自宋运告终，上帝命真人来自沙漠，百有余年，今运亦终，以致天下纷争。惟帝赐给臣英贤之人，遂能戡定祸乱。现在我所辖地周回二万里，臣下们都说'生民无主'，一定要推戴臣称帝。臣不敢推辞，也不敢不告知昊天上帝，我准备在明年正月四日设坛于钟山之阳，如果臣可为生民之主，告祭之日，帝祇来临，天朗气清。如果不可，到时则烈风异景，使臣知之。"

十二月二十四日，作为称帝仪式的前奏曲，李善长又为朱元璋主持了祝告太庙、为诸子命名的仪式。在这仪式上命名的有长子朱标、次子朱樉、三子朱棡、四子朱棣、五子朱桢、六子朱槫，还有朱元璋侄子朱文正的儿子命名为炜，后来改名为守谦。与此同时还制定了诸子的衣服仪卫内使等项。

即位仪式日益临近，李善长随时将准备情况向朱元璋汇报，并引导朱元璋检查各种准备的情况。当朱元璋看到仪仗队的旗帜上写有"天下太平皇帝万岁"字样时，对李善长说道："这是夸大之辞，不是古制。"李善长赶紧遵命，撤去了那些旗帜。

时光在向登基之日推进，李善长也盼望着自己飞黄腾达的那一天。

第三章 明朝的第一功臣

一、洪武建元的大礼使

元至正二十八年，这一年是公元 1368 年。正月初四日这一天，按照李善长制定的即位仪式，朱元璋在应天南郊钟山之阳举行了登位大典。仪式开始了，朱元璋首先宣布国号叫做"大明"，年号叫做"洪武"。他身穿衮服，头上戴着冕，在事先筑好的祭坛上行礼，然后宣读祝文说：

惟我中国人民之君，自宋运告终，帝命真人于沙漠入中国为天下主，其君父子及孙，百有余年，今运亦终；其天下土地人民，豪杰纷争。惟臣，帝赐英贤为臣之辅，遂戡定采石水寨蛮子海牙、方山陆寨陈埜先、袁州欧普祥、江州陈友谅、谭州王忠信、新淦邓克明、龙泉彭时中、荆州姜珏、濠州孙德崖、庐州左君弼、安丰刘福通、赣州熊天瑞、永新周安、萍乡易华、平江王世明、沅州李胜、苏州张士诚、庆元方国珍、沂州王宣、益都老保等，偃兵息民于田里。今地幅员二万余里，诸臣下皆曰：生民无主，必欲推尊帝号。臣不敢辞，是用以今年正月四日于钟山之阳设坛备仪，昭告上帝皇祇，定有天下之号曰大明，建元洪武，简在帝心。尚飨！

　　朱元璋在举行登位大典之前的十几天里，一直很担心，因为从腊月二十一以来，天气一直不好，连日来雨雪交加，没见过晴天，直到初一那天，大雪才停住。李善长和太史院使刘基也很担心，因为登位大典的一应礼仪、日期，都是由李善长主持，刘基等一些谋士全部参与制定，特别是正月初四这个日子，更是刘基经过各种天文方法预测而确定的，一旦天气不好，真要使典礼减色了。

　　或许朱元璋真是昊天上帝眷顾的真主、顺天应人的新皇帝，一连阴了半个月的天气，到初三这天开始放晴了，等到举行典礼的初四这天，果真是天宇廓清、星纬明朗。参加登位大典的上下人等，无不欢欣鼓舞，李善长和刘基悬着的心也放下了。朱元璋看到天公如此作美，朗读祝文时声音格外洪亮。读罢祝文，按照仪式所定的程序，朱元璋坐上了象征皇权的御座，侍卫武士环列两边，宫娥打着日月屏风站在背后，李善长率领着文武百官北面行礼，每行一次礼呼一遍"万岁"，三礼已毕，朱元璋登位的程序算是完成了。

　　李善长是整个即位大典的大礼使，负责整个程序的进展。在向朱元璋礼拜完毕之后，接着是追尊朱元璋祖先的仪式。朱元璋一共追尊了四代祖先：父母、祖父母、曾祖父母、高祖父母。李善长事先布置好了各种物件，仪式开始后，朱元璋率领着世子朱标和诸位王子，捧着四代祖先的神主恭敬地送到太庙里安奉好，然后由朱元璋宣布：恭上皇高祖考尊号为玄皇帝，庙号德祖，妣为玄皇后；皇曾祖考尊号为恒皇帝，庙号懿祖，妣为恒皇后；皇祖考尊号为裕皇帝，庙号熙祖，妣为裕皇后；皇考尊号为淳皇帝，庙号仁祖，妣陈氏为淳皇后。在太庙安好了四代祖先的神位，摆好了一应供奉物品之后，朱元璋率领众人退出太庙，他对李善长说："朕荷先世积累之勤，庆及于躬，抚临亿兆。今遵行令典，尊崇先代，斋肃一心，对越神灵。所谓君蒿凄怆，若或见之。"李善长回答道："陛下诚孝，感通达于幽显。"朱元璋又说："奉先思考，祭神如在，诚敬无间，神灵其依。苟或有间，非奉先思孝之道也。"

追尊了祖先，又到社稷坛行完了礼，朱元璋回到奉天殿，摆设好了仪仗，中书省左相国、宣国公李善长又率领文武百官上表祝贺朱元璋即位。贺表说道："天生圣智，宏开基创业之功；运际亨嘉，仰济世安民之主。万方欣戴，四海更新。恭惟皇帝陛下，禀聪明睿智之资，备圣神文武之德；首出庶物，卓冠群伦；初无尺地一人之阶，而致溥天率土之会；东征西怨，犹大旱之望云霓；外攘内安，措颠连而置衽席；兵威所向，靡坚不摧；德意所加，无远不服。平群雄而僭乱息，扫六合而烟尘清。拯其涂炭之氓，布以宽仁之政。四维张而风俗美，三纲正而伦理明。天命攸归，实茂膺于历数；人心所属，咸鼓舞于讴歌。冕旒端拱于宸居，华夏统承于正朔，乃继天而立极，爰定鼎而建都。臣等幸际亨嘉，获叨任使，忝居鹓列，上视鸿图。偃武修文，开太平于万世；制礼作乐，妙化育于两间。"这贺表写得工整对仗，历数朱元璋的丰功伟绩，论证了其即位的合法性和深远意义，很有一番文采和功力。

接受了群臣的贺表之后，下一步就是册封皇后和皇太子。身为左相国、宣国公的李善长，从皇帝那里接过册宝，恭敬地捧送到皇后和皇太子那里。给皇后的金册命上写道："天眷我启运兴王，出自衡门，奄有四海，为君为后，可不慎欤！君以仁政，慎于在位，抚黎庶而统万邦；后以懿德，慎于治内，表六官而母天下；长久之道也。咨尔马氏，同勤劳于开创之时，由家成国，内助良多。今以金册金宝，立尔为皇后，其敬乃职，耿光后世。于戏！慎戒之。"给皇太子的册命上写道："国家建储，礼从长嫡，天下之本在焉。朕起自田野，与群臣角逐，戡定祸乱，就功于多难之际。今基业已成，命尔标为皇太子。于戏！尔生王宫为首嗣，天意所属。兹正位东宫，其敬天惟谨，且抚军监国，尔之职也。六师兆民，宜以仁信恩威，怀服其心，用永固于邦家。尚慎戒之。"

完成了这些使命之后，接着就是朱元璋犒赏文武百官了。李善长和徐达被任命为左、右丞相，其他文武功臣也都受到晋爵迁秩的奖赏。整个的登位大典到此才算结束。

正月初五，李善长又让中书省把朱元璋的即位诏书布告天下。诏书中说："朕惟中国之君，自宋运既终，天命真人起于沙漠，入中国为天下主，传及子孙，百有余年，今运亦终，海内土疆，豪杰分争。朕本淮右庶民，荷上天眷顾，祖宗之灵，遂乘逐鹿之秋，致英贤于左右，凡两淮、两浙、江东、江西、湖、湘、汉、沔、闽、广、山东及西南诸部蛮夷，各处寇攘，屡命大将军与诸将校奋扬威武，已皆戡定，民安田里。今文武大臣、百司众庶，合辞劝进，尊朕为皇帝，以主黔黎。勉徇舆情，于吴二年正月四日，告祭天地于钟山之阳，即皇帝位于南郊，定有天下之号曰大明，以是年为洪武元年，追尊四代考妣为皇帝皇后，建大社大稷于京师，立妃马氏为皇后，长子标为皇太子。布告天下，咸使闻知。"

正月初六，李善长又为朱元璋安排了大宴群臣的宴会。在奉天殿丹墀和殿堂上，按礼制摆下了宴席，三品以上的大臣都升殿，其余则列宴于丹墀。宴会结束之后，李善长宣布皇帝要训话，百官顿时安静下来。朱元璋对群臣说道："朕本布衣，以有天下，实由天命。当群雄初起，所在剽掠，生民惶惶，不保朝夕。朕见其所为非道，心常不然。既而与诸将渡江，驻兵太平，深思爱民安天下之道。自是十有余年，收揽英雄，征伐四克。赖诸将辅佐之功，尊居天位。念天下之广，生民之众，万机方殷，朕中夜寝不安枕，忧悬于心。"御史中丞刘基和李善长交换了一下眼神，然后对朱元璋说："往者四方未定，劳烦圣虑。今四海一家，宜少纾其忧。"朱元璋又说："尧舜圣人，处无为之世，尚犹忧之。矧德非唐虞，治非雍熙，天下之民方脱于创残，其得无忧乎？夫处天下者，当以天下为忧。处一国者，当以一国为忧。处一家者，当以一家为忧。且以一身与天下国家言之：一身，小也。所行不谨，或致颠蹶；所养不谨，或生疢疾。况天下国家之重，岂可顷刻而忘警畏耶！"朱元璋这一席话，说得入情入理，李善长、刘基和文武百官无不感到赞佩。

正月初十日，李善长奏请朱元璋，根据元朝的习惯，请任命皇太子为中书令。御史中丞刘基和学士陶安也向朱元璋提起了这件事。朱元璋不同意，他说："取法于古，必择其善者而从之。苟惟不善而一概是从，将欲望治，譬犹求登高岗而却步，渡长江而回楫，岂能达哉！元氏胡人，事不师古，设官不以任贤，惟其类是与，名不足以副实，行不足以服众，岂可取法。且吾子年未长，学未充，更事未多，所宜尊礼师傅，讲习经传，博通古今，识达机宜。他日军国重务皆令启闻，何必效彼作中书令乎？"由于这一议论，引起了东宫太子辅导官属的任命。朱元璋任命银青荣禄大夫、上柱国、录军国重事、中书左丞相、宣国公李善长兼太子少师；银青荣禄大夫、上柱国、录军国重事、中书右丞相、信国公徐达兼少傅；银青荣禄大夫、上柱国、中书平章录军国政事、鄂国公常遇春兼少保；其他太子属官也都由朝廷重臣兼任。朱元璋对李善长说："朕于东宫官属不别设府僚，而以卿等兼之者，盖军旅未息，朕若有事于外，必留太子监国。若设府僚，卿等在内，事当启闻，太子或有听断不明而与卿等意见不合，卿等必谓府僚导之，嫌隙将由是而生。朕所以特置宾客、谕德等官，以辅成太子德性，且选名儒为之宾友。昔周公教成王，告以克诘戎兵。召公教康王，告以张皇六师。此居安虑危，不忘武备。盖继世之君，生长富贵，泥于安逸，军旅之事，多忽而不务，一有缓急，罔知所措，二公所言，不可忘也。"朱元璋任命李善长兼太子的首席辅导官，又谆谆告诫，足见委任之重，信任之专。

整个朱元璋的登位大典，在李善长的精心筹划和安排下，顺利地完成了。

朱元璋登上皇帝宝座之后，对李善长给予充分的信任，任命他为中书左丞相，又委任他兼太子少师，授以银青荣禄大夫、上柱国、录军国重事等职衔，这是朱元璋对十几年来李善长忠心辅佐他的回报。

二、王朝制度的制定人

自从西周以来，中国古代王朝的政治大事就是两件，一是各种祭祀礼仪，一是军事征伐。与此相适应，产生出一系列管理古代国家的各种官制。朱元璋建立了明王朝之后，对元朝制度既有因袭，又有破除，为此需要进行大规模的制度建设。这一制度建设，绝大多数是在李善长主持下完成的。

据历史记载：明太祖初定天下，首开礼、乐二局，广征耆儒，分曹究讨。在刚即位的洪武元年，朱元璋命中书省和翰林院、太常司几个部门共同定拟祀典。参与制定祀典的议礼诸臣以李善长为首，还有傅瓛、宋濂、詹同、陶安、刘基、魏观、崔亮、牛谅、陶凯、朱升、乐韶凤、李原名等，又下诏让郡县推举高洁博雅之士，又得徐一夔、梁寅、周子谅、胡行简、刘宗弼、董彝、蔡深、滕公琰等人，召至京师，同修礼书。

明初所定的礼制分为5种：

一为吉礼。明初以圜丘、方泽、宗庙、社稷、朝日、夕月、先农为大祀，太岁、星辰、风云雷雨、岳镇、海渎、山川、历代帝王、先师、旗纛、司中、司命、司民、司禄、寿星为中祀，诸神为小祀。后又将先农、朝日、夕月改为中祀。凡是需要天子亲自祭祀的，有天地、宗庙、社稷、山川。如果国家有重大事情，则要命官祭告。至于中祀、小祀，一律遣官致祭，而帝王陵庙和孔子庙，则由皇帝专门任命官员前往致祭。每年照例要举行的，大祀有十三种：正月上辛祈谷、孟夏大雩、季秋大享、冬至圜丘皆祭昊天上帝，夏至方丘祭皇地祇，春分朝日于东郊，秋分夕月于西郊，四孟季冬享太庙，仲春仲秋上戊祭太社太稷。中祀二十五种：仲春仲秋上戊之明日祭帝社帝稷，仲秋祭太岁、风云雷雨、四季月将及岳镇、海渎、山川、城隍，霜降日祭旗纛于教场，仲秋祭城南旗纛庙，仲春祭先农，仲秋祭天地神祇于山川坛，仲春仲秋祭历代帝王庙，春秋仲月上丁祭先师孔子。小祀八种：孟春祭司户，孟夏祭司灶，季夏祭中溜，孟秋祭司门，孟冬祭司井，仲春祭司马之神，清明、十月朔祭泰厉，又于每月朔望祭火雷之神。这些祭祀的吉礼，反映出中国古代的祖先崇拜、自然崇拜和多神崇拜的特点，而其落脚点，则是体现皇帝受命于天，是天下山川、土地、人民和国家各种权力的最高拥有者。

二为嘉礼。在朝廷中实行的，有朝会、宴飨，有上尊号、徽号，有册命，有经筵，有表笺，还有视学。从天子到平民百姓都要实行的，有冠礼，有婚礼。实行于整个天下的，有巡狩，有诏赦，有乡饮酒。

三为宾礼。主要是用来接待蕃国、外国的君长及其使者的，也包括百官、庶人相见之礼。

四为军礼。以亲征为首，遣将次之。出师之时，有祃祭之礼；还朝后，有受降、奏凯献俘、论功行赏之礼；平时则有阅武、大射之礼。

五为凶礼。包括山陵、寝庙与丧葬、服纪及士庶丧制等，分类编辑，还附载有谒陵、忌辰之礼等。

洪武元年（1368）二月初一，李善长和傅瓛、陶安等人向朱元璋奏进《郊社宗庙仪》，大略说道："有国大祀，曰圜丘、曰方丘、曰宗庙、曰社稷，各具沿革以进。圜丘之说曰：天子之礼莫大于事天……盖王者事天明，事地察，故冬至报天，夏至报地，所以顺阴阳之义也。祭天于南郊之圜丘，祭地于北郊之方泽，所以顺阴阳之位也……今当遵古制，分祭天地于南北郊。冬至则祀昊天上帝于圜丘，以大明、夜明、星辰、太岁从祀。夏至则祀皇地祇于方丘，以五岳、五镇、四海、四渎从祀。"这是李善长等人总结古人礼制之后，提出的分祭天地于南北郊的建议。朱元璋同意了，于是建圜丘于钟山之阳，方丘于钟山之阴。

洪武元年（1368）八月，在李善长的主持下，对明朝中央政府的行政机构进行了改组。原来，朱元璋政权草创之初，设中书省总理政务，中书省之下只有四部，分掌钱谷、礼仪、刑名、营造之务。随着形势的发展，朱元璋统一了全国，政务繁多了，原有的四部已不适应形势的发展，朱元璋便命李善长主持，拟建六部，分理庶务。现在，李善长上奏六部官制，六部为吏、户、礼、兵、刑、工。各部设尚书，为正三品；侍郎正四品；郎中正五品；员外郎正六品；主事正七品。六部仍归中书省统辖。六部之下，吏部设总部、司勋、考功三属部，设郎中、员外郎各一人，主事各二人。户部分为五科：一科、二科、三科、四科、总科，每科设郎中、员外郎各一人，主事四人，只有总科郎中、员外郎各二人，主事五人。礼部有四个属部：总部、祠部、膳部、主客部，每部设郎中、员外郎各一人，主事各三人。兵部设有总部、驾部和职方三部，部有郎中、员外郎、主事，人数和吏部相同。刑部有四个属部：总部、比部、都官部、司门部，部设郎中、员外郎各二人，只有都官部各一人；总部、比部主事各六人，都官、司门主要各四人。工部设有四个属部：总部、虞部、水部、屯田部，总部设郎中、员外郎各二人，其余各一人；总部主事八人，其余各四人。另外还置有营造提举司，吴元年设置的将作司也归属工部管辖。六部官制的设立，表明封建国家的统治机构完善了，职能加强了，这对于统一国家的发展起着促进的作用，李善长在其中起着重要的作用。

洪武元年（1368）十二月，李善长又奏定三师朝贺东官仪。原来朱元璋为太子所选择的师傅皆是勋旧大臣，自当待以特殊的礼节，不能和普通官僚朝贺太子一样。于是命李善长组织礼官稽考古礼制定一套仪式。礼官们根据唐代的礼节制定出仪式为：凡遇大朝贺，前期设皇太子座于大本堂，设答拜褥位于堂中央，设三师、宾客、谕德拜位于堂前，赞礼二人位于三师之北，内赞二人位于堂中，俱东西相向。到行礼那天，皇太子常服垂座，三师宾客常服入就位，北向立，皇太子起立南向。赞礼唱：鞠躬四拜。皇太子受前二拜，答后二拜。礼毕，皇太子还宫，三师以下以次出。

洪武二年（1369）二月，朱元璋派徐达北伐攻入元都，得元十三朝实录，决定纂修《元史》。他下诏任命中书左丞相、宣国公李善长为监修，前起居注宋濂、漳州府通判王祎为总裁，征召山林遗逸之士汪克宽、胡翰、宋禧、陶凯、陈基、赵壎、曾鲁、高启、赵汸、张文海、徐尊生、黄篪、傅恕、王锜、傅著、谢徽十六人同为纂修，开史局于天界寺，以元朝所编《经世大典》作为参考，开始了纂修元史的工作。朱元璋对李善长等纂修人员说："自古有天下国家者，行事见于当时，是非公于后世，故一代之兴衰，必有一代之史以载之。元主中国殆将百年，其初君臣朴厚，政事简略，与民休息，时号小康。然昧于先王之道，酗溺胡虏之俗，制度疏阔，礼乐无闻。至其季世，嗣君荒淫，权臣跋扈，兵戈四起，民命颠危，虽间有贤智之臣，言不见用，用不见信，天下遂至土崩。然其间君臣行事有善有否，贤人君子或隐或显，其言行亦多可称者。今命尔等修纂以备一代之史，务直述其事，毋滥美，毋隐恶，庶合公论，以垂鉴戒。"在中国古代，新朝为前朝修史，是国家政治生活中的一件大事，以位居百官之首的左丞相李善长监修，正反映出为前朝修史的重要意义。同年八月，仅用半年时间，《元史》修成了，李善长等奉表奏进，在表中说道："臣善长忝司钧轴，幸睹成书，信传信而疑传疑，仅克编摩于岁目；笔则笔而削则削，敢言褒贬于春秋。仰尘乙夜之观，期作千秋之鉴，所撰《元史》，本纪37

卷，志53卷，表6卷，传63卷，通159卷，谨缮写装潢成120册，随表以进。"朱元璋对于众人在这么短的时间内修成《元史》，深感高兴，命令誊写刊行，并给予参加纂修之人许多赏赐。这次所修元史因资料欠缺，还不完善，洪武三年（1370）二月又诏续修，同年七月完成，增加了十纪、五志、二表、三十六列传，共计53卷，凡上所缺者，这次基本补齐，共成212卷。

洪武三年（1370）四月初一，在李善长主持下，由礼部造好了诸王册、宝，并进上册封礼仪。在这个"亲王分封受册宝仪"中，李善长仍是以左丞相的身份，充任大礼使的角色，即在典礼仪式中，从皇帝朱元璋那里接过诸王册、宝，分别捧送到各个诸侯王那里，这是由李善长所居的身份和地位决定的。四月初七，册封仪式完毕之后，朱元璋又发布"册封诸皇子为王诏"，告知天下说："朕荷天地百神之佑，祖宗之灵，当群雄鼎沸之秋，奋起淮右。赖将帅宣力，创业江左。曩者命大将军徐达统率诸将，以定中原。不二年间，海宇清肃，虏遁沙漠。大统既正，黎庶靖安，欲先论武功以行爵赏。缘吐蕃之境未入版图，今年春复命达等帅师再征，是以报功之典未及举行。朕惟帝王之子，居嫡长者必正储位，其诸子当封以王爵，分茅胙土，以藩屏国家。朕今有子十人，即位之初，已立长子标为皇太子。诸子之封，本待报赏功臣之后，然尊卑之分，所宜早定，乃以四月七日封第二子樉为秦王，第三子㭎为晋王，第四子棣为燕王，第五子橚为吴王，第六子桢为楚王，第七子榑为齐王，第八子梓为潭王，第九子杞为赵王，第十子檀为鲁王，从孙守谦为靖江王。皆授以册宝，设置相傅官属及礼仪，已有定制。于戏！奉天平乱，实为生民。法古建邦，用臻至治。故兹诏示，咸使闻知。"李善长帮助朱元璋完成了分封诸王的大典，不管这一举措后果如何，他确是了却了朱元璋多年来的一份心愿，朱元璋从心理上感觉他的王朝似乎从此可以长治久安了。

洪武三年（1370）六月，李善长和礼官们经过考核、讨论，确定了天下岳镇、海渎、城隍诸神祇的名号，上奏给朱元璋。朱元璋为此在六月六日下诏说："自有元失驭，群雄鼎沸，土宇分裂，声教不同。朕奋起布衣，以安民为念，训将练兵，平定华夷，大统以正。永惟为治之道，必本于礼，今诸祀典，如五岳、五镇、四海、四渎之封，起自唐世，崇名美号历代有加。在朕思之，则有不然。夫岳镇海渎，皆高山广水，自天地开辟以至于今，英灵之气萃而为神，必皆受命于上帝，幽微莫测，岂国家封号之所可加？渎礼不经，莫此为甚。至如忠臣烈士，虽可加以封号，亦惟当时为宜。夫礼所以明神人、正名分，不可以僭差。今宜依古定制，凡岳镇海渎并去其前代所封名号，止以山水本名称其神；郡县城隍神号一体改正；历代忠臣烈士亦依当时初封以为实号，后世溢美之称皆宜革去。惟孔子善明先王之要道，为天下师，以济后世，非有功于一方一时者可比，所有封爵宜仍其旧。庶几神人之际，名正言顺，于礼为当，用称朕以礼事神之意。五岳称东岳泰山之神、南岳衡山之神、中岳嵩山之神、西岳华山之神、北岳恒山之神；五镇称东镇沂山之神、南镇会稽山之神、中镇霍山之神、西镇吴山之神、北镇医巫闾山之神；四海称东海之神、南海之神、西海之神、北海之神；四渎称东渎大淮之神、南渎大江之神、西渎大河之神、北渎大济之神；各处府州县城隍称某府某州某县城隍之神；历代忠臣烈士并依当时初封名爵称之。天下神祠无功于民不应祀典者，即淫祠也，有司无得致祭。于戏！明则有礼乐，幽则有鬼神，其礼既同，其分当正，故兹诏示，咸使闻知。"

除了以上官制、礼仪、祭祀制度的建设以外，李善长又主持了官民丧服、朝臣大小服色俸赐、功臣爵赏等各项制度的制定。作为朱元璋之下文武百官之长，李善长在创建、巩固明王朝的过程中，发挥了巨大的作用，是历史的浪潮把他推上了这个角色，而他也很出色地发挥了这个角色应该发挥的作用。

三、位居第一的韩国公

洪武三年（1370）十一月七日，大将军徐达、副将军李文忠等凯旋，朱元璋亲自到龙江去迎接，行过相见礼，徐达和李文忠等簇拥着朱元璋的车驾返回宫中。徐达和李文忠的回京，表明明王朝统一全国的大规模战争已经基本结束，新王朝的基业已基本奠定。

第二天，朱元璋出御奉天殿，李善长率领百官朝服列于殿上两旁，徐达率领凯旋诸将奉上"平沙漠表"，宣读贺表礼毕，徐达率领众武将退立西阶。接着，皇太子率领诸位亲王入行贺礼，然后是中书省左丞相李善长率领文武百官进上贺表。又过一天，朱元璋以平定天下成功告于郊庙，由李善长等陪同行礼之后，命大都督府、兵部录上诸将功绩，吏部定勋爵，户部准备赏物，礼部拟定礼仪，翰林院撰写制诰，朱元璋要准备大封功臣。

还在徐达和李文忠等人没有回师京城之前，大封功臣的准备工作已经开始了。朱元璋要给功臣发放铁券，但一时又没有现成的规制可循。后来有人说："台州民钱允一，是吴越王钱镠的后裔，其家藏有唐昭宗所赐铁券。"朱元璋命李善长派人取回，根据取回铁券的规制进行改造，最后确定的铁券规制如瓦，分为七等，公二等，侯三等，伯二等，高广尺寸依次递减。外面详细雕刻券主履历、受奖情况以记其功，中间镌刻有免罪减禄之数以防其过，字嵌以金。每副各分左右，左边颁发给功臣，右边藏在内府，将来一旦有用，则合之以取信。

一切准备就绪，十一月十一日，朱元璋举行了大封功臣的典礼，典礼的一应具体细节，当然少不了李善长的参与组织。

这一天，朱元璋出御奉天殿，皇太子和诸王侍立一旁，左丞相李善长、右丞相徐达分别率文武百官列于左右。朱元璋首先对文武将臣发表讲话，他说："汝等其听朕命。朕今日定封行赏，非出己私，皆仿古先帝王之典，筹之二年，以征讨未暇，故至今日。思昔创业之初，天下扰乱，群雄并起。当时有心于建功立业者，往往无法以驭下，故皆无成。朕本无意天下，今日成此大业，是皆天地神明之眷佑，有非人力之所致。然自起兵以来，诸将从朕被坚执锐以征讨四方，战胜攻取，其功何可忘哉。今天下既定，是用报以爵赏，其新附将帅之有功者亦如之。凡今爵赏次第，皆朕所自定，至公而无私。如御史大夫汤和，与朕同里闬，结发相从，屡建功劳，然嗜酒妄杀，不由法度。赵庸从平章李文忠取应昌，其功不细，而乃私其奴婢，废坏国法。廖永忠战鄱阳时，奋勇忘躯，与敌舟相拒，朕亲见之，可谓奇男子，然而使所善儒生窥朕意向以徼封爵。金都督郭子兴，不奉主将之命，不守纪律，虽有功劳，未足掩过。此四人止封为侯。平章李文忠总兵应昌，逐前元太子远遁漠北，获其皇孙妃嫔重宝，悉归朝廷，此功最大。御史大夫邓愈自幼相从，屡更任使，虽经摧挫，口无怨言。此二人者，宜列公爵。左丞相李善长虽无汗马之劳，然事朕最久，供给军食，未尝缺乏。右丞相徐达与朕同乡里，朕起兵时即从，征讨四方，摧强抚顺，劳勋居多。此二人者，已列公爵，宜进封大国，以示褒嘉。余悉据功定封。《书》云：德懋懋官，功懋懋赏。今日所定，如爵不称德，赏不酬劳，卿等宜廷论之，无有后言。"

诸将臣听了朱元璋的一番讲话，既中肯，又威严，无不顿首悦服，没有人再提出异议，于是开始班爵行赏。

确定封公者有6人。银青荣禄大夫、上柱国、录军国重事、中书左丞相兼太子少师、宣国公李善长授开国辅运推诚守正文臣，特进光禄大夫、左柱国、太师、中书左丞相，进封韩国公，参军国事，食禄四千石；征虏大将军、银青荣禄大夫、上柱国、录军国重事、中书右丞相兼太子少傅、信国公徐达，授开国辅运推诚宣力武臣，特进光禄大夫、左柱国、太傅、中书右丞相，进封魏国公，参军国事，食禄五千石；翊运推诚宣德靖远功臣、开府仪同三司、上柱国、太保、中书右丞相、开平忠武王常遇春之子茂（常遇春前已病故），授特进荣禄大夫、右柱国，封郑国公，食禄三千石；荣禄大夫、浙江等处行中书省平章政事李文忠，授开国辅运推诚宣力武臣，特进荣禄大夫、右柱国、大都督府左都督，封曹国公，同知军国事，食禄三千石；银青荣禄大夫、都督府右都督兼太子右詹事冯胜，授开国辅运推诚宣力武臣，特进荣禄大夫、右柱国，封宋国公，同参军国事，食禄三千石；荣禄大夫、御史大夫兼太子谕德邓愈，授开国辅运推诚宣力武臣，特进荣禄大夫、右柱国，封卫国公，同参军国事，食禄三千石。以上这些人的封爵，俱令子孙世袭，唯有常茂如果没有后嗣，可以兄终弟及。

确定封侯者 28 人。荣禄大夫、御史大夫兼太子谕德汤和授开国辅运推诚宣力武臣、荣禄大夫、柱国，封中山侯，食禄一千五百石；荣禄大夫、同知大都督府事唐胜宗授开国辅运推诚宣力武臣、荣禄大夫、柱国，封延安侯，食禄一千五百石；荣禄大夫、同知大都督府事陆仲亨授开国辅运推诚宣力武臣、荣禄大夫、柱国、同知大都督府事，封吉安侯，食禄一千五百石；资善大夫、湖广等处行中书省左丞周德兴授开国辅运推诚宣力武臣、荣禄大夫、柱国，封江夏侯，食禄一千五百石；荣禄大夫、燕相府左相兼同知大都督府事、北平等处行中书省参知政事华云龙授开国辅运推诚宣力武臣、荣禄大夫、柱国、燕相府左相兼北平等处行中书省参知政事，封淮安侯，食禄一千五百石；骠骑上将军、副大都督府事兼太子右率府事顾时授开国辅运推诚宣力武臣、荣禄大夫、柱国、同知大都督府事，封济宁侯，食禄一千五百石；资善大夫、秦王相府左相兼陕西等处行中书省右丞耿炳文授开国辅运推诚宣力武臣、荣禄大夫、柱国、秦王相府左相、仍兼陕西行省右丞，封长兴侯，食禄一千五百石；镇国上将军、金大都督府事陈德授开国辅运推诚宣力武臣、荣禄大夫、柱国、同知大都督府事，封临江侯，食禄一千五百石；镇国上将军、金大都督府事郭子兴授开国辅运推诚宣力武臣、荣禄大夫、柱国，封巩昌侯，食禄一千五百石；昭勇大将军、平阳卫指挥使王志授开国辅运推诚宣力武臣、荣禄大夫、柱国、同知大都督府事，封六安侯，食禄九百石；明威将军、朔州卫指挥使司副使郑遇春授开国辅运推诚宣力武臣、荣禄大夫、柱国、同知大都督府事，封荥阳侯，食禄九百石；镇国上将军、金大都督府事费聚授开国辅运推诚宣力武臣、荣禄大夫、柱国，封平凉侯，食禄一千五百石；镇国上将军、金大都督府事吴良授开国辅运推诚宣力武臣、荣禄大夫、柱国、同知大都督府事，封江阴侯，食禄一千五百石；资善大夫、吴王相府左相兼金大都督府事吴祯授开国辅运推诚宣力武臣、荣禄大夫、柱国、吴王相府左相，封靖海侯，食禄一千五百石；资善大夫、中书右丞兼太子副詹事赵庸授开国辅运推诚宣力武臣、荣禄大夫、柱国、同知大都督府事，封南雄侯，食禄一千五百石；荣禄大夫、中书平章政事兼同知詹事院事廖永忠授开国辅运推诚宣力武臣、荣禄大夫、柱国，封德庆侯，食禄一千五百石；荣禄大夫、江淮等处行中书省平章政事俞通源授开国辅运推诚宣力武臣、荣禄大夫、柱国，封南安侯，食禄一千五百石；荣禄大夫、湖广等处行中书省平章政事华高授开国辅运推诚宣力武臣、荣禄大夫、柱国，封广德侯，食禄六百石；荣禄大夫、湖广等处行中书省平章政事杨璟授开国辅运推诚宣力武臣、荣禄大夫、柱国，封营阳侯，食禄一千五百石；推忠翊运宣力怀远功臣、光禄大夫、湖广等处行中书省平章政事、柱国、蕲国武义公康茂才之子铎授荣禄大夫、柱国，封蕲春侯，食禄一千五百石；中奉大夫、浙江等处行中书省参知政事朱亮祖授开国辅运推诚宣力武臣、荣禄大夫、柱国，封永嘉侯，食禄一千五百石；中奉大夫、江淮等处行中书省参知政事傅友德授开国辅运推诚宣力武臣、荣禄大夫、柱国、同知大都督府事，封颍川侯，食禄一千五百石；荣禄大夫、中书平章政事兼同知詹事院事胡美授开国辅运推诚宣力武臣、荣禄大夫、柱国，封豫章侯，食禄一千五百石；荣禄大夫、山东等处行中书省平章政事韩政授开国辅运推诚宣力武臣、荣禄大夫、柱国，封东平侯，食禄一千五百石；中奉大夫、江西等处行中书省参知政事黄彬授开国辅运推诚宣力武臣、荣禄大夫、柱国，封宜春侯，食禄九百石；荣禄大夫、山西等处行中书省平章政事曹良臣授开国辅运推诚宣力武臣、荣禄大夫、柱国，封宣宁侯，食禄九百石；资善大夫、浙江等处行中书省右丞梅思祖授开国辅运推诚宣力武臣、荣禄大夫、柱国，封汝南侯，食禄九百石；中奉大夫、山东等处行中书省参知政事陆聚授开国辅运推诚宣力武臣、荣禄大夫、柱国，封河南侯，食禄九百石。以上二十八侯爵，俱令子孙世袭。唯有华高的嫡子只许承袭食禄米的五分之四，康铎嫡子如无后嗣，可令庶长子承袭。每人也都赐给诰命和铁券。

此外，又给这些功臣们赏赐文绮和帛，李善长和徐达各得百匹，常茂八十匹，李文忠六十匹，冯胜八十匹，邓愈六十匹。其余二十八侯和各军将士也分别得到了赏赐。

到了十一月底，朱元璋又封了 2 位文臣。封中书右丞汪广洋为忠勤伯，御史中丞兼弘文馆学士刘基为诚意伯，皆赐诰命。给汪广洋的诰命说："朕观往古俊杰之士，能识真主于草昧之初，效劳于多艰之际，终成功业，可谓贤知者也！汉之张子房、诸葛亮独能当之。朕提师渡江入姑孰，中书右丞汪广洋同诸儒来谒，就职从征，剸繁治剧，屡献忠谋，驱驰多难，先见之哲，可方古人。今天下已定，尔应爵封，特加尔开国翊运守正文臣、资善大夫、护军、中书右丞、忠勤伯，食禄三百六十石。于乎！尔尚益坚初志，克懋忠贞，训尔子孙，以光永世。"给刘基的诰命说："朕观诸古俊杰之士，能识真主于草昧之初，效劳于多难之际，终成功业，可谓贤知者也！汉之张子房、诸葛亮独能当之。朕兵至括苍，前御史中丞刘基挺身来归，委质事朕，累察乾象，多效谋猷。特加尔为开国翊运守正文臣、资善大夫、护军、诚意伯，食禄二百四十石。"

在朱元璋的谋士集团中，李善长既没有像徐达、常遇春、李文忠等人那样领兵打仗、冲锋陷阵、立下赫赫战功，也没有像刘基那样弘谋远虑、建奇策以决胜负、危难之际飙发电举、指挥立就。但是在朱元璋封赏的功臣中，李善长却位居第一，进封韩国公，食禄四千石，赐铁券、仍免二死、子免一死，就连大将军徐达位犹在其下，刘基就更无法与其相比了。这其中的缘故，通过朱元璋给李善长的诰辞可以窥见一斑。诰辞中说道："东征西讨，日不暇给。尔独守国，转运粮储，供给器仗，未尝缺乏。剸繁治剧，和辑军民，各靡怨谣。昔汉有萧何，比之于尔，未必过也。"为朱元璋保证一个稳定的后方，为前线提供源源不断的军需物资，由此方使朱元璋能打败众多的对手，登上皇帝的宝座。所以，朱元璋把李善长排在所有功臣之首，也就是很自然的了。

四、外宽和而内忮刻的性格

忮，是嫉妒的意思；忮刻也就相当于忌刻狠毒、刚愎自用的意思。《明史》称李善长外表宽和、有器略，内多忮刻，所谓"意忌不能专平"，就是不允许别人和自己意见不一致，一旦别人和自己看法不一样或者见识超过自己，那在心里就要产生嫉妒之情，如果表现在为人处世上，就会产生刚愎自用、打击别人、抬高自己等行为。

在明初的政治生活中，李善长就是这样一个人。有这样两件事最能表明他的这种性格：

参议李饮冰和杨希圣是中书省的同僚，在一些事情上和李善长意见不合，这使李善长很恼火。有一次，朱元璋要选取宫人，访知熊宣使有个妹妹，年轻貌美，就想把她选进宫来。员外郎张来硕进谏说："熊氏已经许配给参议杨希圣，若这样明取进宫，于理不妥。"朱元璋一听大怒，说道："谏君不当如此！"当即令殿前卫士用刀打碎了张来硕的牙齿。由于熊氏已为杨希圣所聘，朱元璋不好再强选，为此而很生气。李善长见这是个打击杨希圣的机会，过不久就上奏，说杨希圣和李饮冰弄权不法，朱元璋遂下令把这两个人处以刑罚，先将二人黥面，并说："奸诈百端，谲诡万状，应该受此刑。"随后又命割掉李饮冰的两乳，李饮冰当时就死了；命割掉杨希圣的鼻子，发配到淮安去了。后来杨希圣的哥哥杨宪受到朱元璋信任，历官江西行省参政、山西参政、御史台中丞等官，最后任中书省右丞、左丞。杨宪联合同僚凌说、高见贤、夏煜等人，多次在朱元璋面前说"李善长无宰相才"。杨宪又弹劾李善长排陷大臣、放肆为奸等事。但朱元璋不为所动，对杨宪等人说："善长虽无宰相才，与我同里，我自起兵，事我涉历艰难，勤劳簿书，功亦多矣。我既为家主，善长当相我，盖用勋旧也，今后勿复言。"李善长由于受到朱元璋的信任，以后处事更专断了。

御史中丞刘基是朱元璋最重要的一个谋士，朱元璋每每把他比作汉代的张良，很受信任。洪武元年（1368）四月，朱元璋巡视汴梁，要和徐达商议取元都之事，留李善长和刘基居守南京。刘基认为宋、元都是以宽纵官吏而失国，现今国家承元季之乱，治乱世宜用重典，必须振肃纪纲，然后方可施行惠政。于是刘基奏请朱元璋批准，严格督核官吏，令御史纠劾无所避讳，宿卫、宦侍、官吏有犯过失者，全都启奏皇太子之后置之以法，即使权幸之人也有所顾忌，所以京城人人都惧怕刘基的严厉。恰好中书省都事李彬犯了贪污罪，按法当斩。李彬是李善长的亲信之人，李善长便出面请刘基暂缓其狱，以便设法为李彬开脱。刘基是个疾恶如仇的人，他不理会李善长的请求，亲自审得实情之后，定处斩罪，派人驰赴开封奏请朱元璋批准。朱元璋批准了刘基的处置，使者回到南京时，正赶上因为干旱而筑坛祈雨，李善长借口正在祈雨，不宜杀人，想阻挠行刑。刘基则坚持说："斩了贪纵之人，天才会下雨。"于是就在祈雨坛旁边将李彬斩首示众。

李善长为此事对刘基怀恨在心，等到朱元璋回京后，就在朱元璋面前说刘基的坏话，说刘基在盛夏祈雨时，戮人于坛壝之下，是大不敬，是不顺承天意的表现。那些在刘基执法期间因受到惩处而不敢贪纵、因而怨恨刘基的人也纷纷在朱元璋面前进谗言，只是由于当时朱元璋还十分信任刘基，所以刘基才没有受处罚。当时李善长正是红得发紫之时，只有刘基敢和李善长争论一些事情，而且很多事情刘基都是说得有理，可是李善长心中不能平，因此经常在朱元璋面前说刘基的坏话。恰好有一次李善长因某件事情受到朱元璋批评，御史凌说也借此机会弹劾李善长。朱元璋也想惩罚一下李善长，就征求刘基对处理李善长的意见。刘基见是这种情况，便对朱元璋说："李善长是勋旧大臣，多有功劳；而且能调和诸将的关系，很有威望。"朱元璋听刘基这样说，感到很惊讶，他原以为刘基也会像李善长一样在他面前泄私愤、说坏话的，便对刘基说："李善长可是在朕面前说过几次你的坏话，你现在却还为他说好话，你忠诚宽厚的为人，真可以做宰相。"刘基顿首回答说："这可使不得。这好比换房柱，必须得大木才行。若束起一捆小木来顶替，将会加速大厦的倾覆。我是个才短力弱的人，怎么能当此重任呢！"由于刘基为李善长说了好话，所以李善长依然受到朱元璋的信任，可是他自己不知道，还是遇事经常和刘基争吵，甚而互相指责。后来刘基不得不请求朱元璋批准他回家养病，离开了京城这是非之地。

在洪武建元前后，中书省有张昶、杨宪、汪广洋、胡惟庸等几个人，最受朱元璋宠信，后来张昶、杨宪都以罪被杀，汪广洋也屡次被谪谴，只有李善长始终受到朱元璋的信任。李善长由于富贵至极，便不免有些骄人之色，处理政务也不那么勤快了，由此引起了朱元璋的不满。到洪武四年（1371）正月，李善长也察觉出朱元璋对他的不满意，什么事情都不像以前那样爱听他的了，于是李善长以有病为由，请求致仕（退休）。朱元璋马上批准了李善长致仕的请求，同时赐给他临濠地若干顷，给佃户一千五百家，置守冢户一百五十家，仪仗户二十家。至此，李善长离开了他一直任职的中书省，回家养病去了。

李善长致仕之后，朱元璋任命中书右丞、忠勤伯汪广洋为中书右丞相，参知政事胡惟庸为中书左丞。六部中有个姓郎的尚书，和李善长结交很深，仗恃李善长的势力，放肆奸贪。李善长离位之后，朱元璋把他处死了，在抄他家时，抄出很多他的父兄亲戚朋友写给他嘱托公事的信件，朱元璋大怒，命胡惟庸前往杭州照名提问，皆处以重罪。由于李善长是从龙的勋旧大臣，朱元璋没有处罚他。

第四章 ◎ 相位虽罢，恩礼犹加

一、"以疾致仕"

洪武三年（1370）十一月，朱元璋大封功臣，可以说是李善长一生中最为光彩照人的时刻，但此时，充满李善长心中的并不只是满足、喜悦和兴奋，除此之外，还有一种难于向他人表白的惆怅、失落和忧虑。他为什么有这样的感觉呢？这还得从他近来的经历和处境谈起。

李善长在朱元璋打天下和建立明朝的过程中，一直发挥起特殊重要甚至是别人无法取代的作用。这是因为，他是朱元璋打天下所依靠的淮西人中少有的也是最大的文人谋士，出谋划策、给足军食，又能调和诸将的关系，因此他成为淮西集团的核心人物，同时，他又是联系江南文人的重要人物，并以政府首脑和文士的身份领导他们制礼作乐、兴起文教、创立制度。正是因为以上原因，朱元璋才给予他"开国第一功臣"的殊荣和"位极人臣"的职务。但在打下天下并且建立起大明王朝之后，对于朱元璋来说，再使用功大位高资深的李善长为相，显然就不如使用功小位卑资浅的人方便了，因和李善长在一起使他觉得难以拉开能足以显示皇帝威严的距离。尤其重要的是，李善长长期处于中枢地位、出纳王命、进退庶职，不仅是淮西集团的核心人物，而且在中央各部门和地方政权中有众多的亲信、幕僚和故旧，有很大的影响力，有些人甚至公开依仗李善长的势力枉法作弊。对此，朱元璋高度警惕，如洪武元年（1368），一位姓郎的尚书因"恃李善长势力，放肆奸贪"，就被他"诛之，籍其家"，并且顺藤摸瓜，把所有曾向这位郎尚书"嘱托公事"的人全部"处以重罪"[①]，这对李善长无疑也是个警告。由于这些原因，自然就使朱元璋萌发了易相的念头。如洪武二年（1369），他就曾向刘基征询能够替代李善长为相人选的意见，而且在其他场合还公开表示"杨宪可居相位"。杨宪是山西阳曲人，史书上说他处事机敏、果断、好暗地中伤他人，当时正担任御史中丞，当他听到皇上有任用他为相的意思时，就加紧了活动，串通他的好朋友凌说、高见贤、夏煜等人分头到朱元璋那里说李善长的坏话，攻击"李善长无宰相才"；因朱元璋认为当时易相时机尚不成熟，便劝他们不要说李善长的坏话。朱元璋嘴上虽这样说，但实际上还是要提拔杨宪为相，同年九月升任他为中书省右丞，次年七月，又升他为左丞。眼看着杨宪就要升相，当时任中书省参知政事的胡惟庸着了慌，赶紧跑到李善长那里说："杨宪为相，我等淮人不得为大官矣！"[②]李善长当然不能坐等相位被杨宪取代，于是就率先揭发杨宪诬陷中书省左丞汪广洋等不法事，杨宪并不示弱，也弹劾"李善长排陷大臣、放肆为奸等事"，争夺相位的斗争终于公开化、白热化了，因当时朱元璋仍把淮西集团作为自己的主要依靠力量，所以，两相权衡，他处死了杨宪[③]。但李善长的威信也由此受到严

---

① 《国朝典故》卷4《国初事迹》。
② 《国朝典故》卷4《国初事迹》。
③ 《国朝典故》卷4《国初事迹》。

重损害，尤其是更加深了朱元璋对他的疑忌，更坚定了朱元璋易相的决心。

以上就是朱元璋大封功臣前，李善长的实际处境，正因如此，才使他在陶醉于"位极人臣"的同时，还陷入深深的惆怅、失落和忧虑之中。他清醒地认识到，需要对自己今后的去留做出抉择，而这又关键取决于皇上对自己的态度。皇上到底是什么态度呢？难道真到了非让自己去位不可的地步了吗？如果真是这样，还不如自己给自己找个台阶下为好。他想起，自洪武三年（1370）春天以来，自己一直体弱多病，这不就是一个既能探明皇上的心思又能给自己当下台阶的很好的理由吗？于是，在洪武四年（1371）正月初六，他就以年老多病为由，给皇上递上了一份请求致仕的奏章。朱元璋此时正为找不到合适的易相理由发愁，李善长的奏章则给了他一个最为得体、最为顺理成章的理由。初八，即下诏许其致仕，安置凤阳养老，并在诏文中盛赞李善长十八年的勤劳超过了西汉的萧何、曹参，肯定他的致仕是保持"功名两全"的明智之举；同时赐予凤阳田十五顷、佃户一千五百家、仪仗户二十家、守冢户一百五十家，算是对他主动提出致仕的补偿。李善长心里发凉，但又无可奈何，只得"谢主龙恩"，赶往凤阳养老了。

二、兴建中都城

在仪仗为前导和随从的簇拥下，李善长乘马赶往凤阳。

正是大地回暖、万物复苏的时节，鸟儿在欢唱，溪水在畅流，远远望去，田野里、山坡上到处泛起了片片的青绿色。李善长无心欣赏这迷人的春光，而是陷入了对往事的深深回忆。他想起当年滁州道边投奔朱元璋，二人一见如故、彻夜长谈的情景；浮现出一幕幕为朱元璋出计谋、和诸将、筹粮草、供军械、定制度的经历；又想起充当皇上登基主持人和自己被皇上钦定为"开国第一功臣"的荣耀，不禁心潮激动，他庆幸自己选对了主人。过去的一切努力不都是为了这荣耀和权势吗？可现在就这样轻而易举地被皇上打发了，他又感到深深的沮丧。他这年才 58 岁，精力仍然旺盛，特别是大半生的磨砺，使他经验丰富、老于谋划、处事游刃有余，而多年的苦心经营，又使他具备了深厚的人事基础，这一切都可以使他在相位上大显身手，现在却致仕了。他绝不甘于这样的结局，尤其是当他想到自己仍是太师、韩国公时，心中似乎又充满信心和勇气，他决心寻找机会，通过表现自己对皇上的忠心和能力来重新唤回皇上的信任。想着想着，不觉到了他的目的地——凤阳。

凤阳是朱元璋的故乡，这里有埋葬他父母的皇陵，布满了他少年时代的足迹，因而，也就使他对这块土地产生了深深的眷恋。洪武二年（1369），就在这种强烈的乡土观念支配和淮西功臣们的极力支持下，朱元璋把这里定为中都。他首先令李善长和礼部、工部的官员，根据《考工记》的建都规制、参考历代都城形制，又根据凤阳的自然地形设计了建都方案，确立了"席山建殿、高亢向阳""枕山筑城、蜿蜒直上"的布局态势。然后就开始了大规模的营建工程。为建起一座超越前代的雄伟壮丽的新都城，明政府调动了全国的财力和物力，宫殿用材都是选用"天下名材"，从全国各地征调而来，建筑用砖由直隶、江西、浙江、湖广等省的几十个府的上百个州县卫所烧制，经常役使工匠、民夫、军士数十万人劳作。朱元璋对中都建设十分重视，就在李善长来凤阳居住的第二个月，他也来此视察建都情况。因凤阳交通不便，又没有建城的任何基础，一切都是从零开始，而建筑所要求的规格、质量都很高，原来的主持者难以驾驭，所以工程进度很慢。朱元璋看了很不满意，感到有必要加强营建工程的领导力量。这时，他看到自他到凤阳后就一直左右随从、小心侍候的李善长，心想，这不就是一个难得而又现成的人选吗？他已帮我建立起大明朝，让他再帮我建一座新都城，从能力上说自然是绰绰有余，再说，自己刚坐稳江山就把人家打发到这里"养老"，不论从道理上还是在人情上都有些说不过去，于是，朱元璋正式下诏，起用李善长任营建中都的总指挥。

　　从丞相位置上下来，现在仍处太师之尊的李善长，丝毫不嫌弃这个委任的卑微，相反，他认为自己获得一次重新唤起皇上信任乃至入朝执政的机会。因此，他不仅十分感激地接受了这个委任，而且还要使出浑身解数完成这一使命，为此，他主要采取了以下措施：

首先，对工程的各级督理官员进行了必要的调整。凡是疲软无能、没有成绩的就地免职，对那些偷工减料、克扣工食的一律法办，对各个重点工程及重要部门都委任得力的官员去督理。

其次，确保各项工程的坚固与华丽。为此他规定，除宫殿台基墙体宜采用砖石结构的地方必须采用外，城墙也一律采用砖石结构，"砌筑时以石灰、桐油、糯米汁作浆，关键部位甚至用生铁溶灌"；所有殿坛建筑皆须"雕梁画栋"，甚至宫殿石础和城墙基石也都镌刻以精美的浮雕，如有诗描写当时的宫殿石础："规方一丈厚二尺，中凹受柱车轮圆、双龙五凤杂云气、匠巧一一穷雕镂。"[1]就其坚固与华丽来说，中都城远远超过了以后的北京宫殿。

再次，为加快工程进度和确保质量，实行定额责任制，严督重罚。他具体规定了每个工匠、军士和民夫每天必须完成的工作量和应达到的质量水平，并派出众多刁狠苛刻的监工严加督责、检验。如为保证建筑用砖的质量，他下令每个制砖工匠必须把自己的姓名及其所在州县的名称刻在砖体上，一旦发现质量不过关，就以此为依据给责任者以严惩。为赶工程进度，无论寒冬酷暑都丝毫不减役夫的劳作时间和强度，以致许多役夫不堪严督重劳，又加以"饮食失节"而"多以疫死"。由此可见，李善长是在用广大役夫的血汗和生命来表现

---

① 孙祥宽：《明太祖中都兴革考略》，选自《第六届中国明史国际学术讨论会论文》。

其对皇上的忠诚，来显示其能力、来重新邀得皇上的信任乃至重用！其实，也不只是李善长如此，封建时代，有哪个想往上爬的人不是如此呢？

采取了上述措施，营建工作果然大为改观，一切都在繁忙而有序地进行着，进度明显加快了。一座座高大的建筑陆续拔地而起，至洪武八年（1375）初，完成的主要建筑有城垣、城楼、宫殿、中书省、大都督府、御史台、太庙大社稷、圜丘、方丘、日月山川坛、观星台、百万仓、公侯宅第、功臣庙、历代帝王庙、中都城隍庙、会同馆、中都国子学、鼓楼、钟楼等，一座座崭新的建筑挺拔壮丽，在阳光的照耀下熠熠生辉，尤其是那红墙黄瓦的宫殿建筑，点缀于苍松翠柏的掩映之中，就更显得既雄伟堂皇，又端庄美丽。外城城垣周长达 61 里，开九门、十八水关，南北中轴线纵贯外城、皇城、紫禁城，全长达 13 里半。一座规模宏大、雄伟壮丽的中都城已粗具规模，矗立在江淮之间的凤阳大地上。

与此同时，李善长还奉朱元璋之命，负责对迁徙到凤阳地区的 14 万江南民户的安置以及督责其垦种的工作，他把他们分编成"屯"，使其星罗棋布于凤阳地区的人少地多之处，任其垦荒自种，占为己有，并贷给他们耕牛和种子，由政府组织兴修水利，扶助他们进行农业生产。几年后，这一地区逐渐改变了过去荒残凋敝的局面，出现了桑榆相望、仓廪充实的景象。

对于李善长在凤阳的出色表现，朱元璋自然十分高兴，他除了不断派人带着他亲赐的物品慰劳李善长外，还在洪武七年（1374）提拔善长的弟弟李存义为太仆寺丞，负责全国的马政。洪武八年（1375）四月二日，他又"亲至中都验工赏劳"，当他看到这块曾让他及他的父兄饱尝了苦难的土地上突兀而起一座雄伟壮丽的新都城时，心里不禁涌起无限的感慨与自豪。他又一次对李善长及对所有参加建城的文武官员进行了奖赏。

朱元璋在凤阳住了24天，他祭奠了皇陵，仔细视察了每一座重要的建筑，李善长自然是始终不离左右，随时准备着皇上的差使和询问。朱元璋对中都营建总的情况表示满意，但其间有两件事引起他的不快和忧虑。

一是"压镇事件"。一天，朱元璋坐在凤阳宫殿中，他似乎听到有人持兵器在殿脊上拼杀的声音，于是派人去搜查，并无一人，但他仍然有这种感觉。这时，在一旁的李善长就解释说，这是工匠使用"压镇法"所致，朱元璋大怒，下令杀死全部修建这座宫殿的工匠，多亏工部尚书薛祥提出当时修建殿脊不在场者以及铁匠、石匠都没有责任，才少杀了1000多人。

二是朱元璋看到中都城里，除了宫殿、国家衙署和祭祀性建筑外，还有一座座豪华的勋臣府第，他感到，这里简直成了淮西功臣集团的大本营，他们在朝廷本来就拥有强大势力，如果将来迁都于此，他们不仅聚在一起，而且又和各自的宗族、乡里结合起来，就会形成更大的势力，这对加强皇权是很不利的。

上述两件事尤其是后者直接促使朱元璋产生了罢建中都的想法。他又想起刘基劝阻他在凤阳建都时所说的话："中都曼衍，非天子居也。"也认识到这里确实不具备地理形势和交通条件上的优势，又不是经济发达地区，从各方面考虑都不宜在此建都。此时的朱元璋在政治上已更加成熟，考虑问题能更加立足于全面、未来和实际，他认识到过去主要出自对家乡的眷恋才决定在凤阳建都城的做法未免幼稚。因此，在进行了反复的权衡之后，他终于下定决心，在四月二十八日他回到京城的当日，就以"劳费"为由，宣布"罢建中都"。

中都虽然罢建了，但朱元璋对李善长在凤阳的表现仍是满意的，"压镇事件"也好，"勋臣宅第"也好，都与他没有直接关系。中都罢建后，李善长仍留在凤阳，继续负责督理移民的屯田事宜，劝课那里的农桑生产。

三、大明皇帝的儿女亲家

李善长罢相以后，以"开国第一功臣"、太师、韩国公的身份，对于朱元璋委派的任何差事，不论大小，都任劳任怨、尽心竭力地去办，而且干得都很出色，以求唤起皇上的重新信任和重用，朱元璋也确实有些感动了。但无论如何，不能再委其为相的既定方针是不能改变了，为了酬谢他，更为了给世人一种礼待功臣的印象，洪武九年（1376）春，朱元璋下令在京师为李善长建造太师府，并决定把临安公主下嫁给李善长的长子李祺，与李善长结为儿女亲家。

临安公主是朱元璋的大女儿，既然是第一个女儿下嫁，朱元璋自然十分重视，他要把女儿的婚事办得隆重而又合乎礼节，隆重是为了显示皇家的气派和给予李善长的荣宠，合礼则是为了给全体臣民树立一个表率。于是，他首先令礼部官员参考历代礼典，结合当代的礼俗，制定了公主下嫁的婚仪，然后选定七月初十为下嫁迎娶的日子，仪式和婚期一定，一切就都按程序进行了，整个婚礼共分以下具体步骤：

1. "祀奉先殿"，把此事告知祖先。

2. 举行"册封公主仪"，册文由朱元璋亲自书写，其文曰："自古以来，帝王有女必封为公主，今你成人，特封你为临安公主，下嫁太师韩国公李善长的长子李祺为妻，祺也因此封为驸马，你虽贵为公主，但做了李家的媳妇之后，就应恪守妇道、谨奉公婆，成为驸马的贤内助，一定不要辜负父母对你的期望。"

3. 举行"驸马受诰仪"，即册命李祺为驸马。

4. 李善长与驸马李祺进宫谢恩。

5. 李善长呈进表笺，奏请婚期，实际上婚期早已确定在七月初十，此节完全为了表示对皇上的尊敬和对此事的重视。

6. 皇上和李善长分别为公主和驸马举行"醮戒礼"，以在他们成家之前做最后的训诫和叮咛。

7. 驸马李祺亲迎公主礼。

8. 迎公主至太师府后，首先是驸马与公主一起"拜谒祠堂"，这表示公主已成为李家的成员。

9. 驸马与公主行合卺礼。

10. 李善长再次诣阙谢恩。

11. 见舅姑（公婆）仪。

12. 见尊长仪。

13. 盥馈仪。

14. 驸马朝见仪。

以上仪节的举行前后持续几十天时间，整个七月，整个京城，无论朝中文武百官，还是一般百姓，皇上与太师李善长结为儿女亲家一事成为人们议论的主题，尤其是举行册封驸马仪式和亲迎礼的时候，皇家的仪仗和鼓乐队，浩浩荡荡，一路吹打，来往于皇宫和太师府之间，整个京城万民空巷，都来观看他们从未见过的皇家封驸马和公主下嫁的盛大场面。京城自开国以来，还从没有像这样充满热闹、喜庆和欢乐；李善长的荣耀和光彩继洪武三年（1370）大封功臣之后又达到一个高峰，公卿百官都向李善长投来羡慕的眼光；在此期间，皇上还曾连连派人送来赐物，公主也能屈尊礼奉他这位公爹，这一切都使李善长获得极大的满足。

有句成语，叫作"得意忘形"，是说人处得意之中而忘乎所以，此语正说中了李善长此时的心境。与皇上结为儿女亲家，一方面使他兴奋，甚至有些飘飘然；另一方面，也使他久埋心底的重新入朝执政的愿望变成焦急的期待，这两者都足以使他处事失去以往的谨慎。正好遇上皇上自公主下嫁后，身体一直欠安，最近七八天甚至没有上朝，这种情况往往成为皇上考验臣下是否忠谨的重要时机。所以，臣下也往往是总要频繁地向皇上问安，以表现自己的忠诚。可李善长恰恰就疏忽了这一点，他居然在皇上罢朝期间没问过一次安，御史大夫汪广洋等早就对李善长心怀嫉妒，于是就抓住这个机会弹劾李善长"因子祺尚主，狎宠自恣，陛下病不视朝几及旬，不知问安"，还论及李祺"六日不朝，宣至殿前，又不施礼，大不敬"。朱元璋本来对李善长的失礼就感到恼火，经汪广洋这一发挥，就更加火上浇油。李善长闻皇上震怒，赶紧带儿子李祺进宫谢罪，辞情十分恳切，朱元璋气消了些，又看在女儿的面上，只给予李善长削禄一千八百石的处分。

李善长一共食禄四千石，这次削禄几乎一半，虽说是从轻发落，但也给了李善长以沉重打击，使他发昏的头脑清醒了许多，再一次使他认识到，侍奉皇上不可一日不谨，不可一时不慎，只有始终对上"敬谨"，才能保持皇上的恩宠，才能安享荣华富贵！

自受削禄处分后，李善长的言行比公主下嫁以前更为谨慎了，根据他的观察，皇上根本就没有起用他执政的意思，所以他一直怀有的重新入朝执政的想法也渐渐淡漠甚至消失了，平时，除了每天按例和百官一起朝见皇上，就居于府中。时间一长，朱元璋也觉得这位老臣过于寂寞，不利于他在世人面前塑造"礼遇"功臣的形象，于是在洪武十年（1377）五月又起用李善长与曹国公李文忠共议军国大事，"凡中书省、都督府、御史台悉总之，议之允当，然后奏行之"。看到这个"议军国大事"的头衔和所管的事务，人们一定认为李善长又入朝执政了，其实，这只是个荣誉虚衔而已，根本无实权可言，我们查遍史料没有发现李善长挂此衔间有什么"议政"的记载，相反只是干一些诸如"分祀中岳庙""董建大祀典"的杂差而已。

第五章 第一功臣之死

一、胡惟庸案的兴起

朱元璋通过对历史经验和自身体验的总结，得出一个结论，这就是皇帝要想坐稳自己的宝座并且真正拥有实权，就必须解决好两大问题：一是要消除功臣威胁，二是要大权独揽，防止大臣专断。为解决好这两个问题，他进行了长期不懈的努力，而每一次大的努力又几乎都是以兴大狱为手段、以砍掉成千上万臣僚的人头为代价，胡惟庸党案正是他这种努力的一次具体实践。

胡惟庸，定远人，是李善长的同乡。早在朱元璋渡江之前，他就投奔到朱元璋的麾下，一开始，在元帅府里做一名奏差（通信员），因机敏能干逐渐升为湖广行省的按察佥事（地方监察官，正五品），李善长发现他是个干才，就逐渐对他器重起来，胡惟庸也以同乡的关系主动靠近，两人的来往逐渐密切起来。吴元年（1367）适应制礼作乐的需要，朱元璋在中央增设了一个主管祭祀礼乐的机构——太常司，李善长就乘机推荐胡惟庸作了太常司丞（正五品），并很快升为太常司卿（正三品）。这一变化，对胡惟庸的发展可以说具有里程碑的意义，因为他不仅从地方升到了中央，而且成为主管中央一个部门的高级官员，为其以后的发展提供了更多的机会和更好的条件。当时，正值朱元璋君臣紧锣密鼓地筹备登基大典，即位礼的制定成为一个关键，在李善长的亲自主持下，胡惟庸及其属官依据儒家经典，广泛参考历代礼制，很快就把大明朝开国皇帝的登基礼仪制定出来，经过演示，隆重恢宏、典雅气派，充分显示了开国的宏大气象和皇帝受命于天、君临万民的神圣与尊严，朱元璋看后，不觉大喜，对这位新上任的太常司卿留下了很好的印象。

洪武三年（1370），胡惟庸进入中书省任参知政事。李善长罢相后，汪广洋升为右丞相，主持中书省政务，胡惟庸则升为左丞相，成为中书省的第二号人物。汪广洋深知胡惟庸的靠山是李善长，而李善长又是朱元璋打天下的老班底中的核心人物，虽然不当丞相了，但其根基仍然广大深固，所以无论如何不能引起他们对自己的反感，为了安保相位，他采取了因循守旧的策略，对李善长当政时确立的规章制度尤其是人事安排，非奉圣旨，从不敢主动作大的调整，对胡惟庸也往往谦让几分。这样，时间一长，汪广洋自然就给人造成一种无能为力的印象。与此同时，胡惟庸却日益走红，多年的经验使他坚信，只要博得皇上的信任，就可永葆禄位，飞黄腾达，因此，他总是十分小心地去捕捉能讨好皇上的每一个机会，多年的磨炼和工于心计也使他这方面的技巧日益纯熟。所以，每一次曲意逢迎都是那样得体有致而不露半点痕迹。再加上他在处理政务上确实机敏干练，因此在朱元璋心目中的地位就日渐重要起来。洪武六年（1373）正月，汪广洋终于因"无所建白"而罢相，胡惟庸成为事实上的中书省头号人物；同年七月，升为右丞相，一直到洪武十年（1377）九月转左丞相，又以汪广洋为右丞相，胡惟庸则成为中书省单独任相时间最长的人。

中书省是皇帝之下综理全国政务的机构，在国家政务信息的传递和处理中处于"上传"和"下达"的中枢地位。下设吏、户、礼、兵、刑、工六部，分别掌管全国的文官任免与考核、户口财政、礼乐教育、军队调动及军官任免、刑法和工程营建等具体事务。明朝建国前后，李善长为相，当时，军务倥偬，政务繁忙，各种机构及其规章制度都处于草创之中，在这种情况下，朱元璋还觉得中书省有存在的必要。李善长罢相后，情况发生了很大的变化，一方面，随着全国的基本平定，战争明显减少，这使得朱元璋可以把主要精力用来处理政务；另一方面，随着国家机构的日益健全和法令制度的日趋完备，各种政务的处理都有了固定的程序并有章可循，这就使得政务活动明显简化。上述两个方面的变化，使朱元璋认识到由自己亲理庶政、独揽大权的条件基本成熟。然而，按照旧制，国家各部门和臣民的奏章必须通过中书省才能上达皇帝，皇帝的旨令也必须通过中书省才能下达到有关部门执行。这就使朱元璋越来越觉得中书省已成为横在他与诸司臣民之间的一个障碍，要亲理庶务、独揽大权就必须隔越它。于是，他鼓励诸司臣民直接向他奏事，他自己也越来越多地直接对六部尚书特别是吏、兵二部的尚书下达诏旨。

胡惟庸是个权力欲极强而又阴狠植党的人，当初，他虽然是以"曲谨事上"而得朱元璋信任，但权力一旦到手，就绝不愿再失去；对于朱元璋不断抛开中书省直接受事和向诸司发号施令的做法，他虽然表面上不敢反对，但内心总是不高兴。再加上官做大了，胆子也越来越大，对有些重大政务，渐渐地竟敢自作主张"不奏径行";官做久了,亲信党羽越来越多,但和他作对的人也在增加,为避免政敌的攻讦,"内外诸司上封事,必先取阅",对于不利于己的奏章一概扣下来,并寻机报复。为巩固相位,他觉得有必要寻求更加广泛的支持。于是,除了在各个部门尽量安置自己的亲信外,又把自己的侄女嫁给李善长的侄子李佑为妻,以争取李善长家为数众多的亲朋故旧的支持①。

俗话说得好:"要想人不知,除非己莫为。"胡惟庸的上述所为,哪里逃得出以英察猜忌著称的朱元璋的眼睛。但从制度上说,惟庸似乎又无可指责,因既是丞相,就有权拆阅诸司臣民的奏章,也有权对所奏之事随机做出处理,而不必事事请示皇帝,这一情况使朱元璋认识到,要切实削弱中书省的权力,必须从改革制度入手。于是在洪武十年(1377)六月,他做出了"凡臣民言事,中书省不许拆阅,必须原封转呈皇帝"的规定②,七月,又创建了一个正三品的中央机构——通政使司,使其专门负责沟通皇帝与百司臣民之间的联系,主要职责有二:一是接受天下百司臣民的奏章并实封直接转呈皇帝,二是把皇帝的诏令下达到中书省各个机构并有监督其执行的权力③。上述变化,就从制度上把原属丞相所有的拆阅和处理奏章的权力完全收归皇帝,把原属中书省所有的接受奏章和传宣诏令的权力转归通政使。同年九月,为牵制胡惟庸,又升其为左丞相,而复以汪广洋任右丞相,于是,胡惟庸五年独相的局面被打破了。

---

① 《明史·胡惟庸传》。
② 《明太祖实录》卷113。
③ 《明太祖实录》卷113。

　　朱元璋通过上述改制，虽大大削弱了中书省丞相的权力，强化了自己的权力，但中书省仍然是名义上的国务中枢，仍是六部百司的领导机关，丞相仍可直接处理一般例行事务，皇帝亲理庶政仍然存在着体制上的障碍。另外，胡惟庸不仅以淮人集团为基础，而且在其长期为相期间，又培植起一个新的范围更加广大而且盘根错节的关系网。不根本解决上述问题，由自己亲理庶政就不能彻底实现，自己的诏令也难以畅通无阻，甚至皇位也难以稳固。朱元璋又在绞尽脑汁反复考虑着解决方案，最后，他终于理清思路并拿定了主意：要彻底实现皇帝亲理庶政、独揽大权，就必须废掉中书丞相制，但如果是平平常常地就宣布废丞相，又是难以服众的，因丞相制度是和皇帝制度一起产生的，在中国已实行了 1600 多年，"皇帝治国必用丞相辅助"已成为人们根深蒂固的观念，所以，要废丞相，就必须掀起疾风暴雨，通过向天下昭示丞相"欺蔽君主，枉法挠政、朋比为奸"的滔天罪行以证明其当废，这样，既使其有说服力，又可借此兴起"党狱"以彻底摧毁其关系网。主意已定，就等借机而发了。

　　洪武十二年（1379）九月二十五日，在皇城的正门——承天门前，发生了一件奇怪的事情：一群大象和马匹被赶到门前并引来许多行人观看。守门太监赶紧问明了缘由并飞奏皇上，原来，这是占城使者带来的进贡给大明皇帝的方物，因中书省不给安排进献时间，故直接赶至承天门前[①]。朱元璋一听大怒，立刻敕问胡惟庸、汪广洋等人，"不令使者进献，为何？"接着又发生了胡、汪

---

① 《明太祖集》卷7《问中书礼部慢占城入贡敕》。

委责于礼部官，礼部官又委责于中书省的事情，于是，朱元璋下令把胡惟庸、汪广洋和礼部官全都下狱，"概穷缘由"[①]。

其实，据史家考证，这次所谓中书省"阻贡"事件，完全是朱元璋为实现其废相图谋而有意制造的事端。因为占城这次进贡，从时间上看，既非正旦，也非朱元璋的万寿节，据当时礼制，所贡方物应按常朝处理，由中书省和礼部负责接受，根本无须直接向皇帝进献[②]。朱元璋尽囚省部诸臣，其真正用意在于向臣僚暗示胡惟庸、汪广洋已失皇帝信任，以引臣僚弹劾。果然，善察风向的御史中丞涂节首先发难了，他告发"胡惟庸毒死了刘基，汪广洋也知内情"。朱元璋闻听，十分重视，甚至很吃惊，因胡惟庸在洪武八年（1375）毒死刘基乃是奉了他的密旨，此等隐秘之事岂可有半点泄露！所以，他立即亲自审问汪广洋，汪广洋当然晓得其中利害，故矢口否认，连说"不知"，朱元璋哪里相信，宁可信其有，不可信其无，又想起他一贯"浮沉守位"，"与奸人同处而不能发其奸"，于是以"朋欺"罪，先把他处死了[③]。

汪广洋有妾陈氏自愿为其殉死，朱元璋知道后，顺便问起陈氏的出身，当他知道陈氏原为没官女子时，又不由得大怒起来。因按规定，没官女子只给功臣，不给文臣，汪广洋以文臣得之，显然是中书省作弊，朱元璋乃下令有司严加追查此事，再次暗示臣僚攻劾胡惟庸。

① 《明太祖集》卷7《问中书礼部慢占城入贡敕》。
② 赵毅、罗东阳《朱元璋废丞相述论》，选自《第六届中国明史国际学术讨论会论文》。
③ 《明史·汪广洋传》。

洪武十三年（1380）正月，正当天下普庆，家家户户过新年的时候，涂节立功心切，初二一大早，就再次"上告惟庸不法事"；中书省吏商暠，原为御史中丞，因犯事贬为吏，此时也觉得来了机会，紧随涂节之后"发惟庸阴事"。朱元璋遂令群臣轮番拷讯，胡惟庸挺刑不过，终于全部"吐实"招供，供词居然与朱元璋当初预料的几乎一样，真是料事如神！初六，朱元璋顾不上冲了过年的喜庆，也顾不上"春天杀人不合天道"的古训，以"擅权植党"的罪名处死了胡惟庸，且夷灭其三族。涂节两次告奸，本应有功，但因其触犯了朱元璋所深忌的刘基被毒一事，故也被诛灭口①。可叹他本想告奸升官，却落了个身首异处、抛尸街头！次日（初七）早朝，朱元璋就向文武百官宣布了他谋划已久的"罢中书省、废丞相、提高六部尚书品级并令其直接向皇帝负责"的决定，朝臣们哪个还敢有异议，只得齐声高喊"皇上圣明"。由此，皇权兼并了相权，朱元璋大权独揽、亲理庶务的夙愿终于完全实现，中国古代的君主专制制度进入到一个新的发展阶段。

但事情到此还远远没有结束，杀胡惟庸只是开了个头，接着还要掀起更大的风暴。胡惟庸虽死，但其多年经营的关系网仍广泛存在；受传统的影响，臣僚对新体制还存疑虑，相当一部分人表面上虽不敢说，但内心仍坚持"皇帝治国必用丞相辅助"的认识。不解决这些问题，刚刚建立起的新体制就不能巩固，因此，必须按预定计划通过大规模地诛杀"胡惟庸余党"，消除其残余势

---

① 吴晗《胡惟庸党案考》，载《吴晗史学论著选集》第一卷，人民出版社1984年第一版。

力，同时也用"事实"、用高压来改变人们的传统认识。故一时之间，侦缉军
士四出，囚徒相望于路，监狱患满，号哭震天，杀人的数字每天平均以成百的
速度增加着，京城乃至全国都处在一片腥风血雨的笼罩之中。好在"党案"和
老百姓关系不大，杀的主要是当官的，因而社会秩序依然稳定。

二、李善长在党案初起时的表现

自胡惟庸被囚的那一天起，李善长的心就悬了起来，尤其是从大规模地
诛杀"胡惟庸余党"之后，就更是惶恐不安，他与胡惟庸的关系不一般，是同
乡、是故旧，还是亲戚，胡惟庸进中央、进中书省乃至当丞相，每一步都与他
的推荐和支持分不开，这些都是人所共知的，尤其皇上更为清楚。所以，随
着"胡惟庸余党"被杀得越来越多，他也感到自己随时都有可能大祸临头。他
真后悔跟这个胡惟庸有这么多的瓜葛，可当初谁又能预料到有这一天呢！后悔
是没用的，眼下要紧的是摸清皇上对自己的态度，努力取得皇上的谅解，消除
皇上对自己的猜忌。而达到这些目的的最好方法又无过于主动向皇上做出自我
贬抑的姿态。于是，在洪武十三年（1380）二月二十日，他试探性地给皇上写
了一份奏章，以"年老养疾"为由请求归还皇上在洪武四年（1371）赐予他的
20家仪仗户。结果，皇上不仅没加任何安抚，而且很快就批准了他的奏请。这

下子，李善长更加紧张了，莫非皇上认为他早就该这样做了？或者认为他做得还不够？或者还有其他不利于自己的想法？他在惶恐中揣摩、观察、判断着，以便能及时调整自己的对策。三月初二，对李善长来说是个难忘的好日子，这天，皇上下诏又重新赐给他20家仪仗户，而且还把过去充当仪仗的民户全部换成了京卫军士，比以前更加威风气派，这无疑是在告诉他，皇上对他的态度没有变化，认为他仍然应该享有这样的待遇。李善长向皇上谢过恩后，不禁长长出了一口气，悬了几个月的心总算可以放下了。

李善长的判断没有错，此时朱元璋确实没有对他下手的意思。因朱元璋要解决的主要问题是肃清相权的影响和铲除胡惟庸残余势力，是要巩固他刚刚建立起来的由皇帝亲理庶政、独揽大权的新体制。李善长虽与胡惟庸关系不一般，但其早已离开权力中心，又是儿女亲家，故不构成对自己的威胁。况且，他毕竟是开国第一功臣，即使对其下手，仅凭一个"胡惟庸余党"的罪名是远远不够的，贸然从事会给后世留下一个枉杀功臣的名声。

杀人的数字仍在急遽增加着，很快就达到了1.5万多人，许多衙门的官员都被杀光了，可仍不见朱元璋有任何停止诛杀的迹象。在这种时候，没有谁敢出来劝谏皇上，因为那样无异于自己承认自己就是"胡惟庸余党"，白白送死而已。但五月初四发生于宫中的一起天灾却使朱元璋骤然停住了对"胡党"的诛杀。这天，京城本是个风和日丽的好天气，可是到下午申时，突然狂风大作、乌云翻滚、电闪雷鸣，大雨瓢泼而下，只见一个霹雳从天而降，正好击中皇宫内的谨身殿，霎时间，殿脊崩裂、瓦片横飞，巨大的鸱吻跌落下来，在石阶上摔了个粉碎。举朝一片惊恐。

谨身殿是皇宫内前朝部分由南向北排列的三大主体建筑之一；南为奉天殿，中为华盖殿，最北面的就是谨身殿。这三大殿是皇上日常处理朝政和接见及宴请朝臣的地方，因而建造得最为雄伟高大，因当时尚无避雷装置，所以其遭雷击在今人看来是很自然的，但在当时人们的眼中，这不仅是灾害，更重要的它是一起十分严重的政治事件，他们为什么有这种反应呢？这与当时占统治地位的儒家的"天人感应"学说有关。

按儒家对"天""人"关系的解释，"天"不仅造化了人间万物，而且是有意志的凌驾于人间万物之上的最高主宰，为了使人民过上安居乐业的好日子，他在人间选择能得民心的人，命其为君主进行治理，即所谓"天之爱民，故立之君以治之"[①]，人君既然是"受命于天"，那就必须以"天道"来进行统治，什么是"天道"呢？简单说来，就是"好生""爱民""恤民"；为保证人君统治能体现"天道"，上天无时不在监督着人君的统治行为，若其合乎"天道"，则降下种种"祥瑞"如"五色云""甘露""灵芝"等以奖励之，如不合"天道"，就降下种种"灾异"以惩戒之；如果人君能根据上天的示惩及时修省改过，就能"回天意"，若不顾上天的示惩而一意孤行，则上天就要"易命"，即要改朝换代。这套理论有两个方面的作用：一是通过宣扬皇帝"受命于天"论证了皇

----

① 《明太祖实录》卷232。

权的神圣性，二是通过君主不顾"天谴"则"天命转移"的说法来限制君主按照儒家披着"天道"外衣的仁政学说进行统治。

朱元璋起自社会下层，当过乞丐，做过和尚，是中国古代皇帝中出身最为卑微的，所以，他需要打起"受命于天"的大旗来神化自己，再加上他从对历代兴亡原因的总结中也切实感受到这套理论的合理性，认为用它来指导自己及其子孙的行为就可以确保大明江山坚如磐石、传之万代。因此，他不仅全盘接受了这套理论，而且在许多方面还根据自己的体验给予充分发挥。既然承认天降"灾异"是对君主不合天道行为的惩戒，而"雷震殿廷"又属最严重的"灾异"之一，这就意味着上天对朱元璋发出了最为严厉的警告，朱元璋当然不敢怠慢，是什么行为违反了天道呢？朱元璋十分清楚，是杀人过多。因此，他必须就此向上天乃至全体臣民作出检讨，虔诚"修省"，以回天意。于是，在雷击的第二天他就大诏天下，除申诉了诛胡惟庸是因其"肆奸擅权"不得不诛的理由外，还诚恳地承认了在"锄根剪蔓及其余党"的过程中，"录刑之际，不无过焉，甚非上帝好生之德"，表达了"朕甚惧焉"的惶恐心情。同时，宣布了"天下有罪，自十恶外，咸赦除之"等5条修省措施，同月九日，又"诏免天下今年田租"。

按说，朱元璋的"修省"应该能"回天意"了，可是，大概因其杀人太多了，上天仍是盛怒未消，故在六月初七，再次以霹雳猛击奉天门，这次"警告"的性质似乎比上次还严重，因奉天门位于午门之内、奉天殿之前，是皇宫内政治寓意最为重要的一座大门，而上天示惩的霹雳就正好击在这座名为"奉天"的大门上，好像十分明确地警告朱元璋"不能奉天行事"。还能有什么指责比这个更为严厉的呢？元璋在惶恐中只好采用最为谦恭的修省方式——"避正殿"来对上天的谴告作出回应。"避正殿"就是皇帝把处理朝政和接见群臣的地点由正殿移往偏殿，以表示不称职，深刻反省。

在短短 32 天里，朱元璋就连遭两次天谴，而且一次比一次严厉，最后不得不搬出了正殿，这对他来说实在太难堪了，尤其是往下该如何收场呢？因上天不可能像他给臣民降旨一样也给他下一个"复正殿"的诏旨，这个台阶只能由群臣提供了。

对于这两次天谴，李善长与其他臣僚一样，嘴上不敢说，但内心是高兴的，因它十分及时地止住了皇上对所谓"胡惟庸余党"的大肆诛杀。对于皇上的难堪，他甚至在刹那间还感到有几分惬意，但当皇上决定"避正殿"时，他马上意识到这既是皇上对上天谦恭的表示，更是对臣僚的一个考验，自己是朝中级别和爵位都最高的大臣。因此，应赶紧率领群臣奏请皇上"复正殿"，否则，自己不立功是小事，而由此肯定引起皇帝的忌恨则是大事，甚至还可能大祸临头！想到此，李善长不禁打了个寒战。他立即提笔书写表章，盛称皇帝的圣德，痛斥奸臣的肆虐，备述皇上敬天恤民、日理万机的不易，恳请皇上早复正殿以慰臣民之望。表章呈到朱元璋面前，他看罢，又少不了几番谦让，但李善长率群臣固请不已，最后朱元璋也就只好"不违群情"，复御正殿了。

李善长导演的这场戏，既显示了皇上对上天的虔诚，又表现了群臣对皇上的拥戴，不仅使皇上被"天谴"搅乱了的心在群臣的"固请"中得到了平复，而且使皇上十分体面地从难堪中解脱出来，干得实在是及时、漂亮！七月，李善长又率群臣奏请确定了百官朝贺皇上万寿节的制度。一时间，朱元璋对这位"第一功臣"又充满了好感。

但是，虚无缥缈的"上天"对人间皇帝的限制毕竟是微弱的，一时的好感对于以猜忌寡恩著称的朱元璋来说就更是靠不住。当他暂停了对"胡惟庸余党"的诛杀并实行了其他一些"修省"措施后，认为已圆满回应了"上天"的谴告。于是，就又渐渐张开并不断编织"胡惟庸余党"这张大网，去捕杀那些他认为不利于自己及其子孙统治的人，"胡党"的罪状也由最初的"擅权植党"不断扩大为"谋反""谋逆""通倭""通虏"等。牵连的人越来越多，最后，终于把李善长也牵连进去了。

三、株连被杀

洪武十三年（1380），李善长已是 67 岁的老人，除在这年五月代理了十几天的御史台事务外，以后就不再被委以任何具体事务了。他除按例每三天一次和在朔望日去朝见皇上外，平时就晏居府中，或读读书，或写写字，或与故旧谈谈天、下下棋，或与家人听听曲、看看戏，尽情消受着这对他来说已属桑榆晚景的人生之趣和天伦之乐。作为人臣，他已获得了最大的成功：官至太师，爵至国公，一人之下、万人之上，死后己能封王、子能袭公，他已满足了，按说，就这样下去，他可以寿终正寝、功名两全了。

但事情并非如此简单。他虽不再涉身朝政，但因是"开国第一功臣"，仍是太师、韩国公，故仍享有崇高而隆重的礼遇，如群臣朝见，他必位班首，每当出行，所有路上遇到的文武官员都要对他"引马侧立"或"引马却避"，在朝廷和社会上仍有很大的影响。特别是徐达、李文忠死后，李善长的资望就越发给人以"无以伦比"的印象。这是朱元璋深为忌讳，甚至是越来越不能容忍的，因随着皇帝亲理庶政新体制的巩固和自己年岁的增高，他开始越来越多地"为身后虑"了。他清楚，李善长的资望再高、影响再大，也不过是他的一个老仆而已，不会对自己有什么威胁，因自己有绝对把握驾驭、控制和处置他；但如果把这样一个不但资望深而且老谋深算的人留给子孙去驾驭，朱元璋就不放心了，尤其是太子宽仁，又缺乏政治斗争和驾驭臣下的经验，就更让他不放心。所以，朱元璋越来越感到必须在自己闭眼之前，由自己解决李善长问题，而不能把这一"后患"留给子孙。

俗话说，人活七十古来稀，李善长比朱元璋大 14 岁，所以，朱元璋最初曾指望"老天爷"能帮他这个忙，这也是"胡党案"在很长一段时间没有牵连到李善长的原因之一，如果能像自己所期望的那样，李善长不过古稀，自然而逝，自己再对天下臣民"痛悼"一番，既去了自己的一块心病，又能捞取一个善待功臣的美名，这是再好不过的了。可是老天偏不作美，因李善长自幼读道家的书，对其中的养生理论体味甚深，知道怎样保养身体，又具有各种利于健康的生活环境和条件，所以70多岁的人依然精神矍铄、思维敏捷，看上去要比实际岁数年轻许多。老天既不帮忙，朱元璋就只好自己想办法，他首先想到的就是暗示李善长和其他勋臣一样自动告老还乡，只要他离开京城，自然也就减弱乃至逐渐消失对朝廷和社会的影响，再在其居地派人严密监视，李善长自然也就无所作为。为此，朱元璋在洪武十八年（1385）八月，主动赐予包括李善长在内的全部公侯每人宝钞各1万锭，让他们还乡建造宅第，而且明确告诉功臣，这是为他们"既老而归"准备的，以"乐其高年，传之子孙"，也是朝廷"优待功臣"的具体体现[1]。这可以说是朱元璋向功臣发出的告诉他们应如何"退身"的明确信号！但可惜的是，不仅李善长没立刻响应，其他勋臣也没立刻响应，朱元璋耐着性子等到第二年，才有信国公汤和率先出来告老还乡，为给功臣们树立个榜样，朱元璋重赏了他。洪武二十一年（1388），当汤和防倭返京正式向皇上告辞还乡时，朱元璋再次重赏了他，还专下敕书称赞汤和"功成名遂，尔我同心，丈夫至此，垂名不朽矣"[2]。

对于皇上的意思，李善长当然是明白的。但他认为自己是文臣，与武臣不

①《明太祖实录》卷174。
②《明太祖实录》卷191。

一样，况且自己早就离开权力中心，近些年来，甚至连临时打杂性的差事都没有了，皇上还能猜忌什么呢？再说，自己已过古稀之年，不愿意，也实在经不起生活环境上再有什么大变化；不愿从繁华的京城搬到荒僻的乡下；舍不得离开豪华气派、环境幽雅、舒适宜人的太师府；更不愿意离开在京城的一大帮儿孙女侄以及众多的亲朋故旧。他想，自己是开国第一功臣，又是皇上的儿女亲家，要在京城安度晚年，皇上一定会给这点儿面子的。因此，他始终未对"告老还乡"一事做出任何反应。朱元璋心里对李善长不高兴，但又不便挑明，因如果由自己出面把年已75岁的"开国第一功臣"放归乡里，就显得太不近人情了，自己绝不能担这个恶名。他盘算着：既然给李善长指了路，他不走，而他的问题又必须在自己生前解决，那就只好狠着心把他牵连到"胡党"这张大网中去。朱元璋自语道："老伙计，对不起了，为了大明江山的安宁，你还是先走一步吧！"

朱元璋干这种事，已经是有相当的经验了，他深信：只要找个因由，示意臣下攻劾李善长，就一定能得到足以置之于死地的"罪状"。

洪武二十三年（1390）闰四月的一天，京城有一批囚犯将发往边地充军，李善长的一个名叫丁斌的亲信也在其中。李善长为丁斌说情，请求皇上看在他的面上把丁斌赦免了，朱元璋拒绝了，并询知此人曾在胡惟庸家中当过差，他认为机会来了，就下令有司严刑拷讯丁斌，丁斌经不住拷打，就供出李善长的弟弟李存义当年曾与胡惟庸一起策划谋反。朱元璋一听事情严重，就立刻下令逮捕李存义父子，严刑拷问之下，很快就得到以下供词："胡惟庸准备谋反时，曾通过李存义去争取李善长的支持，李善长一听，十分吃惊地斥责李存义说：'你胡说些什么？这是灭九族的勾当！'李存义丧气而归，把结果告诉了胡惟庸，胡惟庸不死心，又让李善长的老朋友杨裕盛去说服李善长，并允诺：'一旦事成，就封李善长为淮西王。'李善长表面上虽未答应，但可以看出，在'淮西王'的诱惑下，其内心已经动摇了。杨裕盛把这一情况告知胡惟庸，胡惟庸大喜，于是亲自去说服李善长，可李善长老谋深算，城府太深，还是没有明确答应。又过了一段时间，胡惟庸再次派存义去动员李善长，李善长叹息着说：'我已经老了，等我死后，由你们去闹吧！'"①

这时，李善长的一个名叫卢仲谦的家奴也前来告发李善长，说："他曾看见，有一次胡惟庸来访李善长，李善长屏退身边所有的人，与胡惟庸单独交谈，别人无法知其内容，只是远远看见他俩一边说，一边不住地点头。"②

事情真是凑巧，又有人前来告发说："胡惟庸准备谋反时，曾派一个名叫封绩的人往漠北联络蒙古势力做外应，此人现在就藏在太师府里！"朱元璋急忙派军士到太师府搜查，果然，搜得一个名叫封绩的人，朱元璋下令连夜拷讯，此人供认："当年胡惟庸的确派他到蒙古草原联络元朝势力作外援，胡惟庸被杀后，他留在蒙古不敢回来。一次，明朝大将蓝玉率军在捕鱼儿海与元军

---

①《明史·李善长传》。
②《罪惟录·李善长传》。

大战，他被明军捕获，押往南京，李善长得知后，就把他保出来并把他藏在太师府中。"同时，封绩还交出了当年他到蒙古时所带的李善长写给元朝君主的亲笔信①。

短短半个月的工夫，李善长与胡惟庸勾结谋反的人证、物证都齐备了，15天前，他还是位极人臣的太师、韩国公，15天后，他已变成十恶不赦的罪人，这是多么令人震惊的变化啊！

朱元璋要李善长的老命，已成定局，但李善长毕竟是开国第一功臣，处死他与处死一般臣僚不同，将会对朝野臣民产生强烈的震动。为把事情做得更加稳妥，早在李善长事发前夕，他就让晋王、燕王分统北边兵马，而把带兵的公侯全部召回京师，以防不测。这时，他除普遍赏赐在京公侯及全体文武官员，以安抚人心外，又重赏魏国公徐辉祖、开国公常升、曹国公李景隆、宋国公冯胜、申国公邓镇、颖国公傅友德等六公各黄金三百两、白金二千两、钞三千锭、文绮三十匹、绫十匹，永平、南雄、崇山、怀远、凤翔、定远、安庆、武定、巩昌、鹤庆等十侯各黄金二百两、白银二千两、钞千锭、文绮三十匹，并把他们全部遣散还乡，以防其疑惧生变。同时，他又指示专掌观察天象的钦天监官员仔细观察天象的变化，因天象变化直接体现了上天的旨意，如果上天能对李善长一事表个态度，使他得以奉天行事，就更具有权威性和说服力了。

钦天监的官员心领神会，很快就把天象有异常变化的情况奏报上来，并解

---

① 《明太祖实录》卷202。

释说："这种变化是由大臣不忠实于皇上引起的，因此，必须处死不忠的大臣才能合乎天意、消弭天灾。"上天的旨意是不容延误的，五月二十三日，朱元璋遂令军士赴太师府执行上天的旨意，军士们闯进太师府，见人就杀，见物就抄，被杀者的哀嚎惨叫与刽子手的呵斥狂笑混成一片，昔日辉煌气派的太师府即刻血流满地、死尸交横。李善长看着、听着这人世间最为残酷的一幕，始是惊呆、旋即大彻大悟了，这时他才真正体味到张良为什么功成隐退、韩信为什么发出"狡兔死，走狗烹；高鸟尽，良弓藏"的感慨。他彻底认识了朱元璋的为人！但一切都晚了、都完了，他愤怒至极，满腔的热血就像要喷涌出来，踉踉跄跄地冲出室外，向朝他而来的军士走去，当军士举刀喝令他站住时，他猛然向正指着他的刀尖扑去，随着一声惨叫，他倒在血泊中，为朱明王朝的安宁流尽最后一滴血。

这次惨案，李善长一家被杀达 70 多人。看在父女的情分上，朱元璋赦免了临安公主、驸马李祺及他们的两个儿子李芳和李茂，皆被徙往江浦居住。几年后，李祺也忧伤而死了。

四、李善长之冤

关于李善长的死，明朝官修及私撰的史书几乎众口一词，都肯定他是"胡党"，与胡惟庸勾结谋逆，死有余辜。连清人所修《明史》也持此观点，认为李善长是"富极贵溢，于衰暮之年自取覆灭"。其实，持上述观点的史书虽然很多，但都是出于一源，这就是《明太祖实录》。这部书先后经过朱元璋的孙子建文帝和朱元璋的第四子明成祖朱棣两朝修成，出于"为尊者讳"和"为亲者讳"，他们当然要在记述李善长一案时，极力显示朱元璋对李善长是如何宽厚、善待和一意保全，李善长却恃恩为奸，甚至与胡惟庸勾结谋反，自取灭亡。但是，至于李善长如何为奸，《明太祖实录》却几乎没有具体记载，这应不是编纂者的疏漏，而是确因无奸可记造成；而所谓与胡惟庸勾结谋反的证据，又几乎全是来源于严刑拷打之下的供词。尤为拙劣的是，《明太祖实录》为显示朱元璋对李善长的宽仁，甚至把在洪武二十三年（1390）才编织出来的关于胡、李勾结谋反的狱词前移至洪武十三年（1380），作为审理胡惟庸时得到的狱词，以说明朱元璋在洪武十三年（1380）已经知晓了李善长参与胡党谋反的情况下仍能"曲宥不问"，礼待李善长不衰，这是何等的宽仁！但可惜的是，《明太祖实录》的编纂者疏忽了一点，这就是洪武十三年（1380）朱元璋在向天下臣民宣布的胡惟庸罪状中，尚没有"谋反"的字眼，只是指责其"擅权植党、枉法、挠政、诬贤"而已。既然朱元璋在宣布胡惟庸罪状时，还不曾认为他是"谋反"，又哪里来的在此之前的对胡惟庸案的审理中，朱元璋就已知晓李善长与胡惟庸勾结谋反了呢？莫非朱元璋还能为胡惟庸遮掩罪行吗？清人在修《明史》时，虽然沿袭了《明太祖实录》的观点，但也认为《明太祖实录》的上述做法太不合情理，于是就又把胡惟庸勾结李善长谋反的狱词后移至洪武二十三年（1390）。由上可见，史书中所载李善长案情是多么不可信！

正如朱元璋事先所估计到的那样，李善长的死震撼了全国，人们无不为之惊骇。尽管人们无法知晓李善长一案的内幕详情，但对李善长的冤枉几乎是无人不知、无人不晓，故在李善长死后仅七个月[①]，大才子解缙就和他的好友工部郎中王国用商议着为李善长辩冤。尽管这要冒杀头的危险，但若不这样做，他们都觉得心里闷得发慌，一种强烈的正义感在他们胸中燃烧，激励着两个年轻人为伸张正义而去触动龙颜。他们都做了大祸临头的思想准备，坚信即使得祸，也会青史留名，他们认为这样做，值得！于是，一份由解缙起草、王国用上呈的奏章便传到了朱元璋的面前。朱元璋略扫一眼，知是为李善长鸣冤的，立刻意识到这一定是"胡党余孽"，不觉火冒三丈，正要叫人去抓王国用，但出于对奏章的好奇，他还是止住了，他倒要看看这个王国用如何为李善长辩冤，便仔细阅读起来。

奏章共分三个部分，第一部分集中论述李善长佐胡惟庸谋反是根本不可能的。理由有四：

其一，李善长与陛下同心同德，出万死而辅佐陛下取得天下，因而成为开国第一功臣，生封公，死封王，长子娶公主、亲戚皆授官，作为人臣已经达到了极点；如果说他自己图谋不轨，还可说得通，但如果说他佐胡惟庸谋反，就

---

①《国榷》卷九。

不合情理了。

其二，人之常情，爱自己的儿子必然超过爱兄弟的儿子，李善长与胡惟庸不过是侄儿侄女之亲，而与陛下则是儿女之亲；假如李善长帮助胡惟庸谋反成功，不过是功臣第一而已，太师、国公、封王而已，儿娶公主、女为王妃而已，难道这些还能超过陛下已经给予李善长的荣誉和恩宠吗？

其三，人们都乐于安享万全之富贵而不取侥幸万一之富贵，李善长难道不知天下不可侥幸取得的道理吗？当元末之际，欲取天下者何止成百上千，但最终莫不粉身碎骨，灭绝宗祀，能保住脑袋的又有几个人呢？这些都是李善长亲身经历和亲眼所见的事情，他已到了衰迈之年，怎么还有可能去干这种傻事呢？

其四，凡有这种侥幸举动者，都是因有深仇激变，才铤而走险、死里求生，以图免祸于万一；今李善长的长子李祺是陛下的长女婿，亲密无间，没有丝毫猜忌，李善长何苦而为此呢？

上述理由虽然没有一条是直接从正面反驳朱元璋加给李善长罪状的具体材料的，却从"人之常情"的角度令人折服地论证了李善长帮助胡惟庸谋反是不可能的。这正是解缙的高明之处，因此，既能巧妙地避开与皇上的正面冲突，以尽可能避免引起龙颜大怒，又收到了釜底抽薪、不攻自破的效果。朱元璋看到此处，也不得不赞赏起草者的智慧和辩才，不觉连连点头，火气也没有了，并继续往下看去。

　　第二部分是批评皇上借"星变"杀人的："若谓天象告变、大臣当灾，杀之以应天象，则尤不可"，因为"如果像李善长这样的开国第一功臣都可以'杀之以应天象'，岂不令天下之人寒心吗？今后谁还会为陛下效力呢？"

　　第三部分表明了上书者的期望："今善长已死，再说也无可挽回，但愿陛下今后能以此为戒！"①朱元璋读完这道奏章，不禁为如何处理这件事犯起踌躇来：降罪吧，可是奏章说得合情合理，实在找不出什么把柄，降罪不但不能服人，反而会引起更不好的反响；再说，李善长的冤除了李善长本人之外，还有谁能比他朱元璋更清楚呢？另外，从根本上说，上书者还是为朱明王朝的长治久安着想的。可是不降罪吧，这又是公开为李善长鸣冤的，鸣冤也就等于指责朝廷枉杀大臣。到底怎么办呢？朱元璋权衡来权衡去，竟搅得一夜没有安睡。不过，最后他还是拿定了主意：反正李善长已被我杀掉，对这份奏章，我就来它个"不置可否"，这样做，既能显示我容人纳谏的美德，又给人一种高深莫测的感觉，臣下琢磨不透，自然也就不敢再轻举妄动。但是，朱元璋没有想到，他这样做，还有一个客观效果，这就是等于他向天下默认了李善长确实是冤枉的。

　　李善长"佐胡惟庸谋反"的罪名，一直背到明朝灭亡。崇祯时，李善长的裔孙世选希望朝廷能为李善长平反，自己也能授个一官半职，于是，就伪造了朱元璋的一份手敕，上有"二百六十年，应期来奏"一语，进于朝廷，结果以

---

① 《明史·李善长传》。

"欺诬"罪被投进大牢，差点儿丢了性命①。只是到了清兵入关以后，残存的南

明弘光政权才想起了这位"明朝开国第一功臣"的好处，为鼓舞士气，激励臣

民为恢复大明效力，才追谥李善长为"襄愍"②。

---

① 《明史·功臣世表一》。

② 《罪惟录·列传》卷之八中《李善长传》。

李善长生平大事年表 ①

公元1314年（元延祐元年）1岁

李善长出生于定远家乡。从1岁至40岁生平事迹不详，大略是在乡里识字、读书，成年以后研习法家理论，对儒家经典也很熟悉。曾任过乡间学校的祭酒（校长），为里中长者。元末农民大起义爆发时，李善长隐居家乡东山。

公元1354年（元至正十四年）41岁

三月，李善长投奔朱元璋，劝朱元璋效法汉高祖刘邦，成就一统天下的大业，受到朱元璋信任，留掌簿书，后又升参谋。

七月，随朱元璋大军攻占滁州，为朱元璋出谋划策，调和诸将帅之间的关系。郭子兴到滁州后，听信谗言，夺了朱元璋的兵权，遣散其部将，并要调李善长归自己所用。李善长坚决不去，此后朱元璋对李善长更加信任，奠定两人一生合作的基础。

---

① 李善长的年龄采用虚岁。

公元 1355 年（元至正十五年） 42 岁

正月，李善长随朱元璋大军攻占和州，在朱元璋和诸将之间斡旋调护、沟通信任，并协助朱元璋安辑军民。元军 10 万前来进攻，朱元璋率军出击，李善长留守和州，元军前来偷袭，李善长在城外设伏，大败元军。

五月，朱元璋收编巢湖水军，李善长留守和州。

六月，李善长力赞朱元璋渡江攻取集庆。随大军先登牛诸，继克采石，然后攻取太平。为朱元璋筹设太平兴国翼元帅府，任帅府都事。朱元璋率大军二次攻集庆，李善长留守太平。

公元 1356 年（元至正十六年） 43 岁

三月，李善长随朱元璋大军攻取集庆，协助朱元璋安定民心，整编军队，加强防务，并和徐达配合，帮助朱元璋整顿军纪。

七月，李善长率群臣奉朱元璋为吴国公，设立江南行中书省，任行省参议。此后朱元璋每次出征，李善长都留守后方，负责供应前方兵员、粮饷。

公元 1357 年（元至正十七年） 44 岁

四月，李善长为朱元璋大军筹备攻城器械，使朱元璋亲征宁国一举成功，收降朱亮祖等人。

六月，李善长为江阴之战做好后勤准备。

公元 1360 年（元至正二十年） 47 岁

五月，李善长协助朱元璋击退陈友谅对应天的进攻。

公元1361年（元至正二十一年）48岁

三月，朱元璋改枢密院为大都督府，不久就升李善长为行省参知政事，兼领大都督府司马，实际掌管江南行中书省的各项事务。在此过程中，李善长着手整顿经济，开始设立盐茶课，税率二十取一。整顿钱法，在应天城设置宝源局铸币。

公元1363年（元至正二十三年）50岁

三月，李善长留守应天，朱元璋率大军援救安丰小明王。

七月，李善长留守应天，朱元璋率20万大军解救洪都之围，与陈友谅大战鄱阳湖。李善长后方补给及时，最后朱元璋打败陈友谅，陈友谅中流矢死，其子陈理逃回武昌。朱元璋回来后稍事休整，又率大军进围武昌。

十二月，李善长为朱元璋即吴王位做好一切准备。

公元1364年（元至正二十四年）51岁

正月，拥奉朱元璋即吴王位，建百官，置中书省左右相国，李善长为右相国。

二月，李善长留守应天，朱元璋率军至武昌，陈理投降，汉亡。李善长请建康郎山、南昌忠臣祠。

四月，李善长奉命将商税改为三十税一。奏请开湖广铁冶，征收湖广渔税。

公元1365年（元至正二十五年）52岁

李善长在后方为朱元璋征讨淮东地区的军事行动转输粮饷。

公元1366年（元至正二十六年）53岁

七月，朱元璋召开会议讨论征讨张士诚之事，李善长请待机而动，朱元璋没有采纳，发兵20万征讨张士诚。

公元1367年（元至正十七年）54岁

七月，李善长上表劝朱元璋称帝。

九月，平定张士诚，李善长因功被封为宣国公，受上赏。

十月，朱元璋命百官礼仪俱尚左，以李善长为左相国。李善长和徐达计议北伐之事，并为朱元璋安排北伐出师仪式。为世子朱标前往临濠扫墓安排行程。任修定律令总裁官。

十二月，李善长三次率群臣上表劝进，朱元璋应允，李善长为之筹备登位大典。

公元1368年（明洪武元年、元至正二十八年）55岁

正月初四，李善长主持朱元璋的登位大典，充任册封仪式的大礼使。李善长被任命为中书左丞相，兼太子少师，并被授予银青荣禄大夫、上柱国、录军国重事等荣誉职衔。接着，受命主持礼仪制度的修改、制定等事。

八月，李善长奏定六部尚书以下官制。

十二月，奏定三师朝贺东宫仪。

公元1369年（明洪武二年）56岁

二月，李善长任《元史》监修官，至八月，《元史》修成，李善长奉表奏

进。

公元1370年（明洪武三年）57岁

四月，李善长主持分封诸王仪式，充任大礼使。

六月，奏定天下岳镇、海渎、城隍诸神祇名号。还主持制定了宫民丧服、朝臣大小服色俸赐、功臣爵赏等各项制度。

七月，主持续修《元史》完成。

十一月，朱元璋大封功臣，李善长为之筹备典礼，制定功臣铁券。李善长为功臣之首，受封为开国辅运推诚守正文臣，特进光禄大夫、左柱国、太师、中书左丞相，晋封韩国公，参军国事，食禄四千石。朱元璋将李善长比作萧何。

公元1371年（明洪武四年）58岁

正月，李善长以疾致仕。朱元璋下诏，让李善长去凤阳养老，并赐凤阳田十五顷、佃户一千五百家、仪仗户二十家，守坟户一百五十家。

三月，主持修建中都城。这项浩大工程历时四载。共建有城垣、城楼、宫殿、中书省、大都督府、御史台、太庙、功臣庙、帝王庙、鼓楼、钟楼等。外城城垣周长达61里。

公元1375年（明洪武八年）62岁

朱元璋以"劳费"为由，宣布"罢建中都"，李善长仍留在凤阳，负责移民屯田事宜。

公元1376年（明洪武九年）63岁

春，朱元璋下令在京师为李善长建造太师府，并决定把临安公主下嫁给李善长的长子李祺。

七月，李祺与临安公主举行婚礼，整个京城万民空巷，都来观看皇家驸马和公主下嫁的盛大场面。

汪广洋等人弹劾李善长父子"大不敬"，被削禄一千八百石。

公元1379年（洪武十二年）66岁

九月，朱元璋为加强皇权，借"阻贡"事件，将胡惟庸、汪广洋等人下狱，并借机诛杀"胡惟庸余党"，京城乃至全国笼罩在腥风血雨之中。

公元1390年（洪武二十三年）77岁

受"胡惟庸案"牵连，朱元璋下令抄斩太师府。李善长一家被杀达70多人，仅赦免了临安公主、驸马李祺及他们的两个儿子。

解缙和工部郎中王国用上书朱元璋，为李善长鸣冤。朱元璋对这份奏章"不置可否"。